부모와 교사를 위한

유아 창의성 교육

김영주

UUP.

부모와 교사를 위한 유아창의성 교육

2010년 5월 17일 초판 인쇄
2010년 5월 24일 초판 발행

지 은 이 김 영 주
발 행 인 김 도 연
발 행 처 UUP(울산대학교 출판부)

출판등록 제370-1996-000001호(1996.3.13)
홈페이지 http://uup.ulsan.ac.kr
주 소 680-749 울산광역시 남구 대학로 93(무거동)
울산대학교 출판부
전 화 (052)259-2488
F A X (052)277-3011

값 6,000원
ISBN 978-89-7868-212-1 93370

잘못된 책은 교환해드립니다.

머리말

이 책에서는 부모와 교사가 아동을 창의적으로 키우기 위한 방법은 모색하였다. 첫 번째 장에서는 창의적인 삶이란 행복한 삶이라는 것을 전제하고, 이 창의적인 삶을 누구나 살 수 있다고 보았다. 또한 창의성이 개인적인 차원에서는 행복한 삶일 뿐 아니라 사회적인 차원에서도 인간의 삶을 더욱 풍요롭게 하고 발전시킬 수 있는 중요한 능력임을 강조하였다.

두 번째 장에서는 창의성을 성격 특성의 측면이나 인지적인 측면, 혹은 산출물의 측면에서 측정할 수 있음을 설명하고 지금까지 연구 개발된 창의성 검사를 소개하였다. 그뿐만 아니라 어떤 경우에 창의성 검사를 해야 하는지, 창의성 검사를 해석하고 받아들일 때 어떤 점을 유의해야 하는지도 설명하였다.

세 번째 장에서는 창의성이 발현되기 위한 전제 조건에 대해서 설명하였다. 창의적이기 위해 인지적인 요소, 환경적 요소, 성격적 요소가 필요하다. 예를 들어 성격적 요소로는 동기가 있어야 하고 인지적 요소로는 기존 학문에 대한 지식이 필요하다. 이 책에서는 이에 관해서 자세히 알아보았다.

네 번째 장에서는 창의적인 사고에 대해서 탐색하였다. 독창성, 민감성, 유창성, 융통성, 정교성에 대한 개념 정의와 함께 이에 관해 설명하였다.

다섯째 장에서는 창의적인 유아로 키우기 위한 가정환경과 자녀 양육에 대해서 설명하였다. 지금까지 창의성에 관한 여러 책에서는 교육기관에서 창의성 교육을 어떻게 할 것인가를 주로 다루었는데 이 책에서는 가정에서의 창의성 교육에 대해 언급하였다.

마지막으로는 부모와 교사가 유아와 함께 할 수 있는 창의성 활동의 실례를 담았다. 네 번째 장에서 알아본 창의적 사고를 증진하기 위한 각각의 창의성 활동을 사진과 함께 실었다.

이 책을 읽고 부모들이 저녁을 준비하면서 주방에서 나는 냄새를 가지고 민감성 훈련을 해 보고, 엄마 냄새, 아빠 냄새를 맡고 기억하면서 창의성 훈련을 해 보는 등 행복한 부모 자녀 관계를 이 책에서 제안하였다.

이 책을 통하여 부모나 교사들이 창의적인 아이로 키우기 위한 행복한 부모 자녀 관계, 부모 자녀 간의 활동에 관한 관점과 아이디어를 얻기를 바란다.

2010. 4. 13

김 영주

차례

1 왜 창의성인가? / 1

2 내 아이는 창의적인가? -창의성 검사- / 8

1. 인지적 측면에서의 창의성 검사 / 11
2. 정의적 측면에서의 창의성 / 15
3. 창의적 산출물 검사 / 19

3 창의적이기 위해 먼저 필요한 것들 / 24

4 창의적으로 생각한다는 것은 무엇인가? / 30

5 창의적인 아이로 키우는 가정환경과 자녀 양육 / 36

1. 창의적인 가정환경 / 36
2. 창의적인 아이로 키우는 자녀 양육 / 40

6 유아와 함께하는 창의성 활동 / 49

1. 유아와 함께하는 민감성 활동 / 49
2. 유아와 함께하는 유창성 활동 / 67

3. 유아와 함께하는 융통성 활동 / 80
4. 유아와 함께하는 독창성 활동 / 88
5. 유아와 함께하는 정교성 활동 / 99

1 왜 창의성인가?

부모들은 여러 가지 이유에서 아동의 창의성에 대해 관심을 둔다. 지금 당장 '나는 왜 이 책을 선택했는가?' 자문해 보시라. 인간의 창의성에 관한 단순한 호기심으로 이 책을 집어 들지는 않았을 것이다. 아마도 '혹시 내 아이가 창의적이진 않을까?', '내 아이를 창의적으로 키우려면 어떻게 해야 하지?' 하는 이유에서 이 책을 골랐을 것이다. 부모 대부분은 내 아이가 창의적으로 되길 바라고, 그렇게 키우고자 한다.

왜 내 아이가 창의적이길 바라는가? 부모 대부분이 아동의 창의성에 관심을 두는 이유는 내 아이가 행복한 삶을 사는데 창의성이 하나의 요소가 될 것으로 생각하기 때문일 것이다. 다음에 소개하는 연구는 '무엇이 행복한 삶인가?' 혹은 '행복한 삶을 사는 데 필요한 것은 무엇인가?'에 관한 의문에서 시작한 연구로, 우리에게 아동의 창의성이나 행복한 삶에 관하여 많은 것을 생각하게 한다.

2009년 6월에 미국의 시사 월간지 '애틀랜틱 먼슬리'에 흥미 있는 연구가 발표되었다. 이 연구는 '하버드 성인발달 연구' 혹은 '그랜트 연구'로, 1937년부터 2009년까지 개인의 생애를 장기간 추적한 것이다. 이 연구는 '잘 사는 삶에는 일정한 공식이 있을까?' 하는 평범하고 기본적인 의문에서 시작하였다. 연구의 대상은 1937년 당시 미국 하버드대 2학년 남학생 268명이었다. 이들 중에는 미국의 35대 대통령이었던 존 케네디, 워싱턴 포스트 지의 편집인으로서 닉슨의 워터게이트 사건 보도를 총지휘한 벤 브레들리도 있었다. 이들 중 지금까지 생존해 있는 사람들은 이미 80대 후반의 고령이며, 이들이 사망할 때까지 이 연구는 계속될 것이라고 한다.

이 연구에서 가장 핵심적인 주제는 세계 최고의 대학에 입학한 수재 중에서도 가장 똑똑하고 야심만만하고 환경에 적응을 잘했던 이들이 어떤 삶을 살았는가, 혹은 과연 행복했는가 하는 것이다. 연구 초반, 이들의 출발은 좋아 보였다. 연방 상원의원에 도전한 사람이 4명이었고, 대통령도 나왔으며 유명한 소설가도 탄생했다. 그러나 연구가 진행된 지 10년이 지난 후부터 20명이 심각한 정신 질환을 호소했다. 이들이 50세 무렵이 되었을 땐 약 3분의 1이 한때 정신질환을 앓았다. 잡지에서는 이를 단적으로 "엘리트라는 껍데기 아래엔 고통 받는 심장이 있었다."라고 표현했다. 이 연구의 141번 사례는 이러한 표현을 극명하게 드러내 준다.

"그는 하버드대의 수재였다. 아버지는 부유한 의사, 어머니는 예술에 조예가 깊었다. 정서적으로 안정되어 있었고, 판단력이 뛰어났다. 이상도 높았고, 건강했다. 그러나 31세에 부모와 세상에 적대감을 드러내기 시작했다. 돌연 잠적하더니 마약을 한다는 소문이 돌았다. 어느 날 갑자기 사망했다. '전쟁 영웅이었고 평화 운동가였다.'라는 부음 기사가 나갔다."

또한, 47번 사례는,

"활발하던 한 학생은 결혼 후 세 아이를 낳고 이혼했다. 동성애 인권 운동가가 되었다. 삶에 더 남은 것이 없다며 술에 빠져 살다가 64세에 계단에서 떨어져 죽었다."

고 한다. 이처럼 젊은 시절, 이 하버드 대학생들에 대한 기대와는 전혀 다른 삶을 살다 간 사람들이 다수 있다. 이에 대해서 연구를 진행한 조지 베일런트 교수는 "(이들의 인생에) 기쁨과 비탄은 섬세하게 직조되어 있다."라고 표현하였다. 장밋빛 인생이 마련되어 있을 것이라고 기대되었던 하버드 대학생들조차도 삶에서 비탄을 비켜가지는 못했다.

부모들이 자녀 교육에 관심을 두고 더 나은 성적을 받고, 더 좋은 대학에 가길 원한다. 그렇게 하면 아이가 더 나은 삶을 살고 행복해 질 것이라고 믿기 때문이다. 그러나 좋은 성적을 받고 세계적으로도 가장 좋다는 대학에 들어간 전도유망한 하버드 대학생들도 모든 부모가 원하는 그러한 삶을 살지는 못했다.

나는 연구자뿐만 아니라 부모로서도 이 연구를 접하면서 아이가 행복한 삶을 살아가도록 돕고자 어떤 것이 필요한가에 대해 다시 생각해 보았다. 이 연구를 책의 서두에서 언급하는 이유는 이 책을 읽는 모든 부모가 아이를 키우면서 가장 원하는 것이 무엇인가를 다시 생각해 보도록 하려는 것이다. 나는 부모들이 아동의 창의성에 관심을 두는 이유가 궁극적으로는 아동이 행복한 삶을 사는 데 필요한 요소로서 창의성이 필요하다고 생각하기 때문이라고 본다.

창의적인 삶은 행복한 삶이다. 미하일 칙센트미하이[1])도 Creativity

---

1) 헝가리 출신으로 40년간 시카고 대학 심리학, 교육학과 교수로 재직했고, 현재 클레어몬트 대학의 피터 드러커 경영대학원 심리학 교수이다. 그는 창조성이야말로 우리 인생의 가장 중요한 요소라고 이야기한다.

(1996)라는 저서에서 창의성은 행복하고 만족스러운 삶을 사는 데 필요한 존재방식이라고 보았다. 그는 창의성이 천재나 신동의 전유물이 아니라 모든 사람이 가지는 잠재력 중의 하나라고 보았다. 그에 의하면 창의적인 사람은 주변의 사람이나 사물에 대해 호기심을 가지고 주의 깊게 관찰하며, 그것에 매혹된다. 그 과정에서 창의적인 경험을 한다. 창의적인 경험이란 꺼지지 않는 호기심, 무엇인가에 매혹되었던 경험, 뭔가 알아냈을 때의 기쁨 등을 말한다. 이들에게는 창의적인 경험 과정에서 얻는 기쁨과 매혹이 행복한 삶을 이루는 요소들이다. 행복하게 살려면 창의적이어야 한다.

평소 달콤한 것을 좋아하는 4학년인 둘째 아이가 어느 날 다가와서 눈을 반짝이며 말했다.

"엄마! 나 아이스케이크가 처음에 어떻게 만들어졌는지 알아요."

"어떻게 만들어졌는데?"

"응, 오늘 '실수로 만들어진 것들'에 관한 책을 보았는데 거기에…"

그러면서 엄마인 나뿐만 아니라 오빠나 아빠를 쫓아다니면서 아이스케이크가 어떻게 만들어졌는지 설명하느라고 바빴다. 자신이 좋아하는 아이스케이크가 자신과 비슷한 또래인 소년의 실수로 만들어진 것을 알고 더 좋아했다. 자신도 한번 그렇게 만들어 보아야겠다고 하면서 필요한 재료들을 사달라고 며칠이나 졸라댔다. 여름이라서 바깥에서 아이스케이크를 얼릴 수 없었으므로 냉동실에 넣어야 한다든지, 그 소년이 썼던 재료를 구할 수 없을 때, 어떤 유사한 재료로 구해야 하는지를 결정하는 모든 과정에서 아이는 아이디어를 내며 행복해 했고, 마침내 아이스케이크를 만들어 먹으면서 이렇게 말하는 것으로 끝이 났다.

"이렇게 맛있는 아이스케이크는 생전 처음 먹어."

이러한 소소한 경험이 창의적인 경험이고, 이런 것들이 모여서 창의적이고 행복한 삶을 이루어 간다. 창의적인 삶은 행복한 삶이다.

누구나 창의적인 삶을 살 수 있다. 창의성이 교육이나 훈련을 통하여 계발할 수 있는지에 대한 논의는 크게 두 가지로 나눌 수 있다. 첫 번째 의견은 창의성은 누구에게나 존재하며, 환경이나 교육을 통해서 얼마든지 계발될 수 있다고 보는 것이다. 주로 로저스나 길포드, 매슬로, 펠드만과 같은 인본주의 심리학자들의 입장이다. 이들은 사람마다 조금씩 차이가 있지만, 지능지수처럼 창의성도 인간이 지니는 기본적인 능력 중의 하나로서 교육을 통해 얼마든지 발현될 수 있다고 주장한다.

두 번째 입장은 창의성이란 몇몇 특정한 인물에게만 존재하는 능력이며, 무의식적인 영감과 우연에 의해 작용한다고 본다. 따라서 이들에게 창의적 능력이란 교육이나 환경에 의해서 길러지는 것이 아니라 천부적인 능력이다. 이러한 입장에서는 창의적인 인물은 극소수에 불과하며, 이들의 업적은 인류의 과학과 문화를 확장시키고 발전시킨 탁월한 것이다. 보통 첫 번째 의견에서 주장하는 창의성은 평범한 창의성이라고 하고, 두 번째 의견에 의한 창의성은 탁월한 창의성이라고도 한다.

이 책에서는 창의성을 모든 사람에게 잠재된 능력으로서, 환경과 교육에 따라서 그리고 본인의 흥미와 노력으로 계발될 수 있다고 본다. 모든 사람은 그 나름대로 계발된 수준에서 창의성을 발휘하며 살 수 있다. 미하일 칙센트미하이도 창의성을 계발하는 과정에서 몰입[2]을 경

2) 미하일 칙센트미하이가 주장하는 '몰입'에 대한 경험을 말한다. 그는 몰입을 창조적 경험이라고 보았다. 몇 시간이 단지 몇 분처럼 느껴지는 경험을 한 적이 있는가? 무언가 생산적이고 의미 있는 활동에 사로잡힌 경험이 있는가? 보상에 의해서가 아니라 그 과정이나 활동이 목적이 되었던 적이 있는가? 바로 그런 경험이 '몰입'이다. 몰입은 창조적 경험이며, 몰입상태가 끝났을 때 우리는 행복하다고 느낀다. 몰입상태를 자주 경험할수록 더 많은 행복을 누릴 수 있다.
미하일 칙센트미하이는 '비록 새로운 화학 원소를 발견하거나 위대한 소설을 쓰지는 못한다 해도 창조적 과정을 사랑하는 것 자체는 누구나 할 수 있는 일이다. 그리고 그보다 풍요로운 삶을 사는 방법은 아마 없을 것이다.'라고 말했다.

험하고 행복을 느낄 수 있다고 주장한다.

매슬로나 로저스 같은 인본주의 심리학자들은 이러한 창조적 경험을 자아실현이라고도 주장한다. 자아실현이란 말 그대로 자신이 되는 것이다. 기존의 교육과 문화를 통해서 주입된 허위의식에서 벗어나 새로운 방향이나 관점에서 현상을 바라보고, 문제를 지각하고, 그것을 해결하고자 하는 창의적 문제해결의 과정을 통해서 자신이 본래부터 지니고 있던 흥미와 자신의 성향을 발견하고 그것을 키워나가는 것을 자아실현이라고 볼 수 있다.

얼마 전, 중학교 3학년인 아들이 시험 결과를 받고 와서 "엄마! 내 친구 ○○는 수학 두 개 틀렸다고 울었어."라고 말했다. 나는 그 아들의 친구가 공부를 잘해야 한다는 엄마의 의견을 비판 없이 내면화하지 않았나 의심해 보았다. 왜 공부를 잘해야 하는지, 왜 꼭 백 점을 맞아야 하는지 스스로 진지하게 생각해 보지 않고 엄마에 의해 주입된 생각으로 공부를 잘해야 하고 백 점을 맞아야 한다고 생각한다면, 설사 백 점을 맞더라도 그것은 아이에게 좋은 것이 아니다. 앞의 각주에서 기술했듯이 몰입과 자아실현에 의해 공부하기를 결정하고 스스로 공부한 50점을 맞은 아이와 타인에 의해 내면화된 허위의식에 의해 100점을 맞은 아이를 비교해 볼 때, 두 아이의 미래와 행복감은 현재의 점수와 같지 않다.

나 또한 청소년 시기에 밤늦게 책을 읽다가 고개를 들어보면 어느새 새벽 창문이 환해져 오던 기억이 있다. 그 잠깐이라고 느꼈던 그 순간 동안 나는 몰입 상태를 경험했고, 그것은 나로 하여금 평생 책을 읽도록 한 것 같다. 나는 내 아이들도 그 몰입의 경험을 갖길 바란다. 부모라면 자신의 아이가 기존의 문화나 교육에 의해 주입된 가치관과 지식에 묻혀 무엇이 자신의 생각과 판단인지를 인식하지 못하고 타인이 정한 기준과 규칙에 얽매여 살길 바라지 않을 것이다. 창의성이란 기존의 문화와 지식체계에 대해서 벗어나 새로운 시각으로 현상을 바라보고, 문제의식을 느끼며, 창의적인 방법으로 문제 해결을 모색하는 능력을 말한다. 그 과정에서 아동은 자신의 잠재적 본질과 가능성을 실현할 수 있고, 그 결과 스스로 자기 됨(자아실현)을 이루어 나가며, 자신의 삶의 질을 높여 나갈 수 있을 것이다. 이것이 바로 모든 사람이 누릴 수 있는, 그리고 꼭 누려야 하는 창의적인 삶이다.

창의성은 두 가지 차원에서 인간을 행복하고 만족스럽게 한다. 첫째는 개인적인 차원에서 볼 때, 창의적인 삶을 사는 것은 인간을 행복하고 만족스럽게 한다. 평범한 창의성은 천재나 영재의 전유물이 아니다. 누구라도 자신을 둘러싼 세상에 대해 애정 어린, 그리고 호기심 가득 찬 시선을 가지고 있다면 창의적이 될 수 있다.

흥미와 호기심이 창의적인 업적과 연결된 예는 여러 영역에서 발견할 수 있다. 예를 들어 많은 물리학자가 자연현상에 관심을 두고 그것을 풀려고 노력해 왔다. 너무나 잘 알려진 뉴턴은 아무도 의문을 제기하지 않았던 사과가 땅으로 떨어지는 현상에 대해 호기심을 느낀 결과 만유인력의 법칙을 발견했다. 한스 베데 같은 물리학자도 밤하늘에 매혹된 나머지 원자와 별들의 운동에 대해 관심을 두게 되었다고 한다. 개인적인 차원에서 창의성은 그 삶을 더 활기차고 의미 있게 한다. 창의적으로 살아간다는 것은 매혹된 삶을 사는 것이다. 매혹된 대상이 아무도 관심을 두지 않는 아주 평범한 것일지라도….

한 사람이 창의적인 삶을 산다면, 신나고 행복한 삶을 살아갈 수 있다. 설사 부와 명성은 보장되지 않더라도, 신선하고 보람된 삶이 될 것이다. 그 삶은 나날이 발전할 것이다. 따라서 부모나 교사의 아동 창의성 신장을 위한 노력은 아동이 일상생활에서 창의적인 삶을 사는데 목표를 두어야 한다. 이 밖에도 창의성 교육은 개인으로 하여금 변화하는 미래 사회에 효과적으로 적응하게 하고, 현재와 미래 사회에 직면하게 될 많은 문제와 위험상황에 대해 여러 가지 도전을 하거나 정신적 스트레스에 잘 대처할 수 있는 능력을 갖추게 할 수 있다.[3)]

두 번째 창의적인 삶은 사회적 차원에서 인간의 삶을 풍요롭게 한다. 만약 지금까지 인간의 창의적인 산출물이 없었다면 인류의 역사는 발전할 수 없었을 것이다. 창의적인 삶을 통해 산출된 여러 가지 창의적 산출물들은 인류 사회에 이바지해 왔다. 여기에서 창의적 산출물이란 단지 물건이 아니라 음악과 같은 예술적인 작품이기도 하며, 문제해결을 포괄한다. 만약 구텐베르크의 금속 활자의 발명이 없었다면 중세를 종식한 종교혁명은 이루어지지 않았을 것이다. 구텐베르크의 금속 활자의 발명에 힘입어 많은 사람이 성경을 직접 읽게 되고, 중세 가톨릭에서 행한 면죄부와 같은 것들이 사실 성경에 근거하지 않았다는 것을 알게 되었을 때 종교 혁명이 시작되었다. 현미경의 발명이 없었다면 원자나 분자 같은 미세한 단위를 다루는 과학의 발전이 이루어지지 못했을 것이다. 프로이트의 정신분석 이론은 현대의 문학, 영화 창작, 예술에 많은 영향을 미쳤다. 창의적인 인물들의 창의적 작품이나 개념, 문제 해결 등은 사회적 차원에서 인간의 삶을 풍요롭게 하고 인류의 역사를 발전시켰다.

스페인 여행을 간 적이 있었다. 앤터니 가우디가 설계하고 지은 성 가족 성당과 다른 건축물들을 보고 싶었다. 가우디의 건축물들을 구경하고, 그 도시의 백화점으로 향했다. 백화점으로 가는 길은 그 도시에서 가장 번화한 길이었는데 그 길의 가로등과 벤치는 가우디가 설계한 것이라고 했다. 백화점 한 층이 모두 가우디의 문양을 응용하여 만든

---

3) Cropley, A. J. (1999). Creativity and cognition: producing effective novelty, Poeper Review, 21. pp. 253-260.

물건으로 가득 차 있었다. 세계 각지에서 몰려든 관광객들이 가우디의 건축물을 보고, 가우디가 설계한 벤치에 앉아서 사진을 찍고, 백화점에서 가우디의 문양이 새겨진 여러 가지 물품을 사고 있었다. 한 창의적인 인물이 죽어서도 한 도시를 먹여 살리고 있었다.

어느 가을에 강원도 평창을 방문한 적이 있다. 가는 길에 봉평에 들렀다. 봉평에 들어가는 길 초입에 메밀꽃 축제라고 플래카드가 걸려 있었다. 봉평 출신인 이효석에 대한 소개와 생가로 가는 길 등이 적힌 관광 안내서를 받았다. 그 지역 전체가 메밀꽃 축제라고 해서 여러 가지 행사를 진행하고 있었다. 전국 각지에서 몰려든 사람들이 이효석의 '메밀꽃 필 무렵'을 읽고, 메밀꽃이 핀 달밤을 상상하고, 그것을 보려고 봉평을 방문한다. 그들은 봉평 읍내에서 메밀로 만든 음식을 먹고 축제에 참가한다. 나는 같이 갔던 아이들에게 '이효석 한 사람으로 말미암아 지금까지도 봉평 사람들이 덕을 본다.'라고 했다. 한 창의적인 작가의 문학 작품이 가지는 영향력이라고 볼 수 있다. 나는 이어서 '너희도 훌륭하게 커서 너희 덕에 일거리가 생기고, 우리 사회가 발전하는 데 이바지해야 한다.'라는 낡은 말로 훈계를 끝냈으나, 아이들은 알아들었을 것으로 생각한다.

창의성 교육을 통해 예술, 문학, 과학, 기술 등의 다양한 영역에서 인류의 삶을 풍부하게 할 수 있는 인적 자원을 양성할 수 있다. 이를 통해 국가적 경쟁력을 확보할 수 있고, 사회의 경제, 복지 등의 여러 영역에서의 발전을 도모할 수 있다.

2 내 아이는 창의적인가? -창의성 검사-

보통 어떤 아이를 창의적이라고 할까? 어떤 사람은 같은 것을 보고도 다르게 표현할 때 창의적이라고 하기도 한다. 혹은 다른 사람이 생각지 못하던 것을 짚어 낼 때도 창의적이라고 하거나 질문이 많은 아이를 창의적이라고 하기도 한다. 그래서 부모들은 내 아이가 엉뚱한 표현을 하거나 이것저것 질문할 때, '혹시 이 아이가 창의적이지 않을까?' 하고 의심해 본다.

그 의심이 단지 의심으로 끝나지 않고, 내 아이가 정말 창의성이 높은지 객관적인 검사를 통해서 알아보고 싶어 한다. 실제로 창의성을 검사해 준다는 연구소나 센터에 가서 창의성 검사를 해 보기도 한다. 부모가 직접 아이의 창의성을 측정해주지 않더라도 학교에서 창의성 검사가 이루어지기도 하고, 영재교육원과 같은 곳에서 학생을 선발할 때도 창의성 검사를 시행하기도 한다.

부모는 이러한 창의성 검사가 과연 아이의 어떤 측면을 측정하는 것인지 알기 어렵다. 검사 결과 보고서를 보고, 설명을 들어도 쉽게 이해하기 어려운 측면이 있다. 이 장에서는 내 아이는 창의적인가?'라는 제목으로 창의성 측정에 대해 알아보고자 한다. 더 나아가서는 창의성 검사의 한계에 대해서도 알아본다.

검사를 시작하기 전에 생각해 보아야 할 것들

창의성 검사를 시작하기 전에 생각해 보아야 할 것은 '이 검사를 왜 하는가?'이다. 이 점에 대해서 플로리다 주 새라소타에 있는 창의학습센터(Center for creative learning)의 책임자인 트레핑거(Treffinger)는 다음과 같이 언급하고 있다. 창의성을 검사하는 첫 번째 이유는 아동의 창의적인 특성 중 각 하위 영역에서의 장단점을 알아내고 이를 최대한 발달시키도록 돕기 위해서이다. 즉 검사를 통해서 창의성의 어떤 부분은 뛰어나고 어떤 부분은 그렇지 않은지 알아내서 그에 따른 교육계획을 세우는 것이 가능해진다. 1장에서 언급한 바와 같이 모든 사람은 창의적이며 그 정도에 차이가 있을 뿐이다. 그리고 그 창의성은 교육과 훈련을 통해 증진될 수 있기 때문이다.

예를 들어 만 6세 아동이 창의성 검사를 했는데 그 결과 언어 유창성이나 융통성, 독창성에서는 높은 점수를 보였으나 정교성에서는 낮은 점수를 보였다. 그렇다면 이 아동의 정교성 점수를 높이기 위해 세부적인 면에 주의를 기울이고, 끝마무리를 잘하도록 지도할 필요가 있다. 또한, 주어진 자료를 모두 활용하여 작업하는 것도 좋을 것이다. 유용한 놀이로는 틀린 그림 찾기처럼 세부적인 면에 주의를 기울이도록 하는 놀이가 좋다. 또 다른 예로 5세 아동이 언어적인 측면에서 유창성이 부족했다면 체험학습이나 여행 등을 통하여 경험의 범주를 넓히고, 그것에 대해 부모와 이야기를 나누는 활동이 필요하다. 특히 유치원이나 어린이집에서는 월요일 아침에 이야기 나누기 활동을 통하여 아이들의 언어 발달을 도와주므로 주말여행을 하는 것이 좋다. 꼭 여행을 가지 않더라도 날마다 자기 전에 자리에 누워 오늘 하루 있었던 일을 부모와 말로 일기 쓰듯이 되짚어 보는 것도 도움이 된다.

창의성 검사를 하는 두 번째 이유는 아동의 창의적인 잠재력을 알아보려는 것이다. 잠재력이란 말 그대로 숨어 있어서 미처 깨닫지 못한 능력을 말한다. 예를 들어 땅속에 석유나 금광이 묻혀 있는데 미처 그 사실을 모른다면 없는 것과 마찬가지이다. 하지만, 탐사를 통해 석유가 얼마나 묻혀 있는지 금광이나 다른 중요한 자원들이 어디에 얼마나 묻혀 있는지 알아낸다면 그것을 발굴하기 위해 기꺼이 투자를 할 것이다. 아동의 창의적인 잠재력을 파악하기 위해 창의성 검사를 하는 것은 지하자원을 탐사하는 것과 마찬가지이다.

세 번째로 창의성 검사를 하는 이유는 아동이 지닌 여러 가지 특성 중의 하나로 창의성을 고려하고, 이를 측정함으로써 아동을 효과적으로 교육하기 위한 자료를 얻기 위해서이다. 창의적인 아동은 교실에서 성공적으로 적응하기 어렵다. 독일 언론들은 창의적인 성취물을 가진 학생임에도 중등학교에서 성적이 좋지 않다는 이유로 대학에 합격하지 못한 사례를 종종 보도한다. 이 보도를 통해서 창의적인 학생이 일반적인 학교에서 성공적으로 적응하고 좋은 학업성취를 내기가 쉽지 않다는 것을 알 수 있다. 우리가 잘 아는 아인슈타인 같은 경우도 초등학교 첫 성적표에서 '아둔하다.'라는 평가를 받았다. 아인슈타인은 기계적인 암기를 잘하지 못했고, 지루한 과목일 경우 더 그랬다. 아인슈타인의 창의적인 잠재능력을 고려하지 못한 학교 교사들은 아인슈타인을 이해하기 어려웠을 것이다.

만약 아인슈타인에게 창의성 검사를 시행했다면 교사들은 아인슈타인을 다시 보지 않았을까? 그리고 그를 잘 지도하려는 학습방법을 모색하지 않았을까? 창의성 검사를 함으로써 비록 일방적인 강의를 하는 전통적인 학습 환경에서 적응하지 못하는 학생일지라도 창의적인 능력이 있음을 발견하고, 그에 맞는 학습 지도 방법을 모색하는 노력을 시작할 수 있다.

네 번째로는 아동을 대상으로 한 교육 프로그램이 창의성 증진에 효과가 있었는지를 판단하기 위해서 창의성 검사를 한다. 아동의 창의성을 증진하기 위한 교육 프로그램들이 많이 개발되었다. 프로그램은 창의성이 특정한 개인이 선천적으로 가지고 태어나는 능력이 아니라 모든 사람에게 교육을 통해서 계발될 수 있는 잠재적인 능력이라는 신념에서 시작된 것이다. 이러한 프로그램을 개발하여 시행하고 나서 실제로 그 효과를 확인하기 위해서 창의성 검사가 필요하다. 실제로 글 없는 그림책을 활용하여 유아를 대상으로 교육활동을 시행하고서, 유아의 창의성에 변화가 있었는지를 살펴본 연구나 통합적 음악 활동이 유아의 창의성에 어떤 효과가 있는지 알아보는 연구들이 그 예이다.

마지막으로는 창의적인 행동에 대한 이해를 높이기 위해서이다. 창의적인 성향과 ADHD(과다행동장애)의 특성을 구분하기 어렵다고 한다. 창의성 검사에서 높은 점수를 받은 아동이 더 활동적이며, ADHD로 진단받은 아이들이 창의성 검사에서 높은 점수를 받았다고 한다. 최근의 뇌에 관한 연구가 진행되면서 창의성이 높은 사람이나 ADHD적 성향을 보이는 사람이나 좌뇌와 우뇌의 차이가 정상인보다 심하다는 것이 밝혀졌다. 많은 연구에서 창의적인 아동과 ADHD인 아동이 서로 관련되어 있다고 밝혀지고 있다. 미국의 위스콘신 대학교의 특수교육과 교수인 로버트 저전(Robert Jergen)은 자신이 유아기에 ADHD의 전형적인 증상을 보였다고 하였다. 그는 자신의 유아기 경험을 밝히면서 ADHD인 아이들도 나름대로 노력하고 있으며 이를 사랑으로 받아 줄 것을 제안하고 있다. ADHD인 아이들의 창의적인 특성을 찾아서 그것을 인정하고 이들에게 맞는 여러 가지 교수 방법을 활용함으로써 이들의 탁월한 능력을 길러줄 수 있다고 그는 이야기하고 있다. 이를 위해서 창의성 검사가 필요하다.

보통 부모들은 내 아이가 창의성 검사를 한다고 하면 시험 점수를 받는 것처럼 높은 점수에는 기뻐하고 낮은 점수에는 실망하는 경향을 보이는데 검사의 목적이 검사를 통해서 점수가 높은 사람을 선별하거나 낮은 사람을 낙인찍기 위한 것이 아니라는 것을 제일 먼저 명심해야 한다. 창의성 검사의 목적은 아동의 창의적인 잠재력을 알아내고 그 특성을 고려한 교육 프로그램을 개발하여 적용하고, 그 효과를 검증하여 보는 데 있다.

창의성 검사

창의성 검사는 크게 세 가지 종류로 나누어진다. 첫째는 인지적 측면에 초점을 맞춘 검사들이다. 구체적으로는 토랜스(Torrance) 등(1984)의 TTCT(Torrance Tests of Creative Thinking)와 웰라치(Wallach)와 케이건(Kogan)의 창의성 검사(The Wallach Kogan Creativity Tests) 젤렌(Jellen) & 어번(Urban)(1986)의 TCT-DP(Test for Creative Thinking Drawing Production) 그리고 김상윤(1998)의 칠교판 검사와 같은 심상 조작검사, 전경원의 유아용 종합 창의성 검사 등이 있다. 둘째는 개인의 성격이나 태도와 같은 정의적 측면에 초점을 맞춘 검사들이 있다. 예를 들어 GIFT(Group Inventory for Finding Creative Talent)나 GIFFI(Group Inventory for Finding Interests)와 같은 창의적 성취와 관련된 태도나 흥미 검사, 창의적 인물들의 특성에서 추출한 인성 변인들을 검사하는 창의적 성격검사, 창의적 인물들의 생애사적 특성들을 바탕으로 검사하는 생애사(전기

자료) 검사(biographical inventory)가 있다. 셋째는 창의적 산출물을 평가하는 방법이 있다. 구체적으로는 CPSS (Creative Product Semantic Scale), CAT (Consensual Assessment Technique)등이 있다.

그러나 위에 언급된 창의성 검사가 모두 아동에게 적용될 수 있는 것은 아니다. 왜냐하면, 특히 유아는 언어적 표현이 자유롭지 못해서 자신이 가진 창의적 능력을 모두 표현하기 어렵기 때문이다. 현재까지 한국에서 유아용 창의성 측정도구를 위한 검사로 활용될 수 있는 인지·지각 검사들은 TTCT와 TCT-DP, 그리고 유아종합 창의성 검사(전경원, 1999), 도형을 이용한 검사인 칠교판 검사 등이 있으나 주로 인지적 측면에서의 창의성을 검사하는 도구들이다.

1. 인지적 측면에서의 창의성 검사

1) TTCT(Torrance Tests of Creative Thinking)

TTCT는 1966년 토랜스(Torrance)가 길포드의 확산적 사고이론을 바탕으로 개발한 것이다. 이 검사는 현재 세계적으로 가장 폭넓게 사용되는 검사이다. 이 검사는 창의적으로 생각하는 언어검사와 그림을 이용한 비언어적 검사로 이루어져 있으며 A형과 B형이 있다.

언어적 검사는 토랜스가 확산적 사고라고 파악한 유창성, 융통성, 독창성의 세 차원에서 질문하기, 원인 추측하기, 결과 추측하기, 산출물 향상시키기, 특이한 용도, 가정하기 등의 여섯 가지 활동을 통하여 채점한다. 예를 들어 질문하기에서는 그림을 보고 그에 대해서 생각나는 질문을 가능한 한 많이 적어 보도록(유창성)한다. 산출물 향상시키기는 주어진 장난감을 더 즐겁고 재미있게 변화시켜 보도록 하여 재미있고

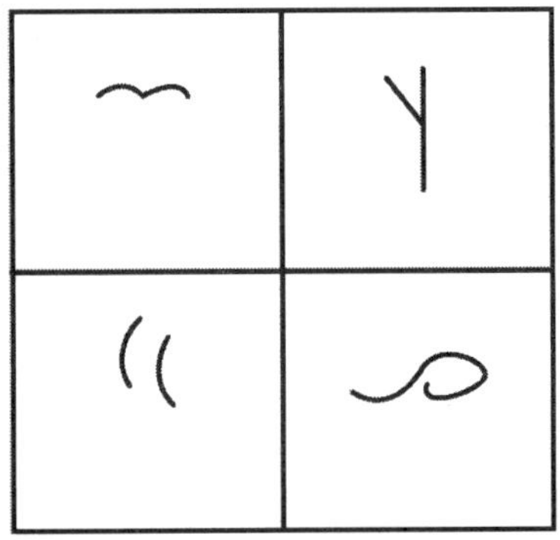

<그림 1>TTCT 도형검사 중 그림완성하기의 예

독특한 방법을 가능한 한 많이 생각해 내도록 하는 것(융통성, 독창성, 융통성)이다.

비언어적 검사는 유창성, 독창성, 제목의 추상성, 성급한 종결에 대한 저항과 같은 다섯 가지의 정신적 차원에서 그림 구성하기, 그림 완성하기, 선/원으로 된 반복적인 닫힌 그림 검사 등의 세 가지 도형 활동을 통하여 채점한다. 예를 들어 '그림 구성하기'에서는 주어진 모양을 이용해서 생각나는 그림을 구성하고 제목을 적게 한다. '그림 완성하기'에서는 불완전한 그림을 주고 이를 완성해 보도록 하는 것이다. 가능한 한 많은 그림을 구성하거나 완성할수록 독창성의 측면에서 높은 점수를 얻는 것이다.

2) 웰러치(Wallach)와 코간(Kogan)의 창의성 검사(The Wallach Kogan Creativity Tests)

웰러치와 코간의 창의성 검사는 사례, 또 다른 용도, 유사성 등의 언어 검사와 패턴과 선이 모호한 도형 자극 등의 도형검사로 이루어져 있으며, 이 검사를 통하여 유창성, 융통성, 독창성, 유용성을 채점한다.

언어 검사의 예로 '신문지를 어떤 용도로 활용할 수 있는가?'라는 질문에 '종이 모자를 만든다.'라고 응답하면 일반적인 답으로 높은 점수를 얻을 수 없지만, '화가 날 때면 찢는다.'라고 대답하면 창의적인 답으로 간주하여 높은 점수를 얻을 수 있다. 신문지 외에도 칼이나 자동차 바퀴, 단추, 신발, 열쇠와 같은 여러 가지 일반적인 용품들의 다양하고 특이한 용도를 제시하게 한다.

도형 검사의 예로 아래 와 같이 그려진 그림을 제시하고 '이것이 무엇인가?'라고 물어보았을 때, '꽃'이라고 응답하면 일반적인 응답으로 점수를 못 얻지만, '바람개비가 돌아가는 모양'이라고 응답하면 창의적인 점수로 높은 점수를 받는다.

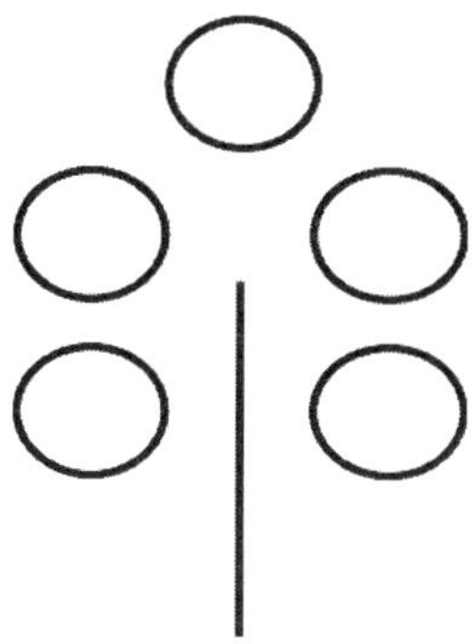

〈그림 2〉 도형 검사의 한 예

이 검사 또한 토랜스의 TTCT와 마찬가지로 확산적 사고능력을 검사하는 것이다. 유창성과 융통성은 얼마나 많은 응답을 했는가에 따라 점수가 부여되지만, 독창성과 유용성은 한 응답을 7점 척도로 평정한다.

3) TCT-DP (Test for Creative Thinking Drawing Production)

미국에서의 사용되는 창의성 검사 중 대표적 검사가 TTCT라고 한다면, 유럽에서 사용되고 있는 대표적인 창의성 검사는 젤렌(Jellen)과 어번(Urban)의 TCT-DP 검사이다. 앞의 두 검사가 길포드의 이론에 기반을 둔다면, 이 검사는 형태주의 심리학에서 나온 창의성 이론에 기반을 두며 이미지 산출을 강조한다.

이 검사는 아래와 같은 도형을 주고 이를 이용하여 자신이 원하는 방식으로 그림을 그리게 한다. 이 검사도 역시 TTCT처럼 도형을 제시한다. TTCT 도형검사에서 제시하는 원이라든가 평행선이 우리 주변에서 흔히 접할 수 있는 자극들이라면 이 검사에서는 불완전하고 불규칙한 부분도형을 제시한다. 이 TCT-DP검사는 아래 그와 같은 6개의 부분도형을 제시하고, 저자들이 제시한 기준으로 창의성을 측정한다. 그리고 나서 연속성, 완성도, 새로운 요소의 첨가, 연결성, 주제 관련성, 경계선 밖 도형의 종속성, 경계선의 해체, 원근감, 유머, 비관습성, 속도(검사에 소요된 시간)를 고려하여 채점한다.

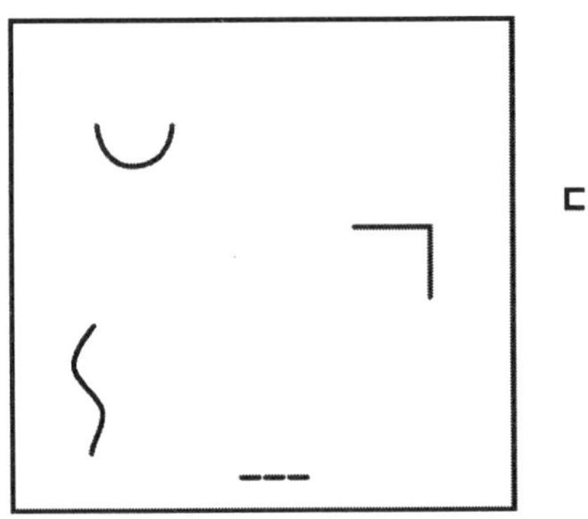

〈그림 3〉 TCT-DP 검사에서 사용하는 도형의 예 (Jellen & Urban, 1986)

이 검사의 장점은 교육을 많이 받은 사람이 높은 점수를 받거나, 친숙하지 못한 환경에서 검사하면 능력을 충분히 발휘하지 못하는 경우를 막을 수 있다. 이러한 장점으로 말미암아 교육적인 기회나 자극을 못 받아서 창의성을 발휘하지 못하는 사람을 찾아내는 데 도움이 된다. 몇몇 연구자들은 TTCT와 마찬가지로 TCT-DP 검사 역시 도형을 사용함으로써 문화적인 영향을 덜 받는(culture-fair) 검사라고 주장한다. 그러나 우리나라에서도 이 검사가 적합한지는 따로 타당도 검사가 필요하다.

4) 칠교판 검사(Tangram)

이 검사는 칠교판을 이용하여 심상적 조작 기술을 기초로 창의성을 진단하는 것으로, 기존의 필답 검사와는 전혀 다르다. 유아들은 언어 사용이 아직 원활하지 않기 때문에 언어를 사용하는 검사에서 아주 좋은 점수를 얻기 어렵다. 반면 유아가 손으로 조작하여 표현하는 심상 검사는 언어 사용의 한계를 뛰어넘을 수 있어 유아의 창의력을 측정하는데 적합하다. 이 검사는 또한 유아들이 놀이와 같은 상황에서 검사받을 수 있게 하는 것이다. 창의성 검사 도구가 기존의 지필 검사처럼 지루하고 형식에 맞추어야 한다면 유아들이 창의성을 충분히 발휘하지 못하게 될 수도 있기 때문이다.

이 검사에 사용되는 칠교판은 정사각형을 그림에서와 같이 7개의 조각을 아동들이 자유롭게 원하는 모양으로 만들게 한 후, 결과물을 보고 아동의 창의성을 측정하는 검사이다.

김상윤의 유아용 칠교판 검사는 칠교판으로 여러 가지 새로운 모양을 구성하도록 하여 유아의 유창성, 융통성, 독창성, 정교성, 집중성을 측정하는 것이다. 특히 이 검사에서는 아동의 창의적 능력이 발현되기 위하여 매우 중요하다고 생각되는 '몰입(집중성)'[4]을 기준으로 집어넣었다.

---

4) 미하일 칙센트미하이가 강조한 개념

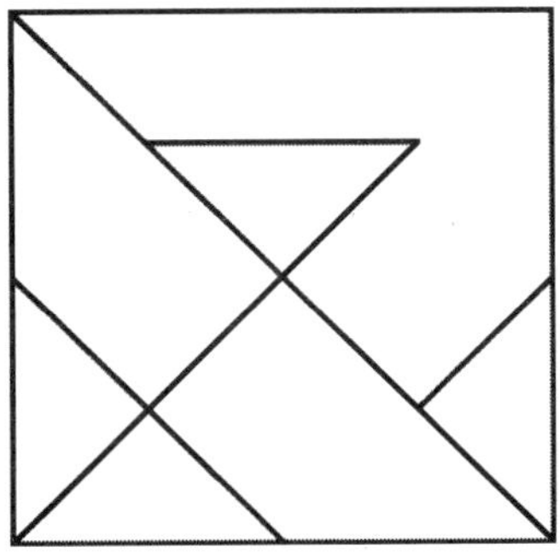

〈그림 4〉 칠교판(김상윤, 1998)

5) 유아 종합 창의성 검사(K-CCTYC)

전경원의 유아용 창의성 검사는 만 4-6세 유아를 대상으로 시행한다. 이 검사는 언어·도형·신체의 세 가지 영역에서 창의성을 측정하기 위한 4가지 검사로 구성되어 있다.

이 검사의 특징은 한국 고유의 전통적 특성과 유아의 발달적 측면을 잘 접목시킨 한국형 검사라는 점이다. 일례로 하위 검사가 전래 놀이, 전래 동화, 전통 문양을 응용하여 구성되어 있다. 또한, 언어, 도형, 신체의 다양한 측면에서 창의성을 검사함으로써 아동의 표현 영역에 대한 선호도나 특성의 파악 및 측정 편파 오류를 최소화하고자 하였다. 이 검사는 창의성과 밀접한 관련이 있다고 연구되고 있는 유창성, 독창성, 융통성, 상상력을 측정하는 것을 주목적으로 하고 있고 또한 많은 부분이 토랜스(Torrance)의 검사들(TTCT(1998), TCAM(1981))과 유사한 특징을 가지고 있다. 이런 이유 때문에 이 검사는 확산적 사고를 측정하는 검사의 범주에 들어갈 수 있을 것이다.

이처럼 인지적 특성 검사에서는 주로 확산적 사고 능력을 측정하기 위해서 언어나 도형검사를 시행한다. 그러나 확산적 사고 능력을 포함한 인지적 특성은 창의성의 한 부분일 뿐 전부는 아니다. 인지적 특성 외에도 정의적인 측면에서 창의성을 측정함으로써 창의성 전체를 이해하고자 하는 시도가 계속해서 이루어져야 한다.

2. 정의적 측면에서의 창의성

위에서의 검사들이 인지적 측면에서 창의성을 측정하는 검사도구의 제한점을 해결하기 위해 창의적 성격, 창의적 환경, 창의적 태도 등을 측정하는 검사도구들이 상당수 개발되었다.

그러나 이러한 검사들은 자기 보고식으로 이루어져서 유아를 대상으로 검사를 시행하면 유아가 스스로 읽고 답할 수 없다는 단점이 있다. 이러면 학령기 아동이나 유아를 지속적으로 관찰할 수 있는 부모나 교사 등이 체크리스트를 활용하여 점수를 낼 수 있다.

1) PRIDE (Preschool and Primary Interest Descriptor), GIFT (Group inventory for Finding Talent), GIFFI (Group Inventory for Finding Interests) I, II

이 검사는 림(Rimm)이 개발한 창의적 성격검사이다. 호기심, 독립심, 융통성, 인내심, 다양한 흥미 등을 측정한다. PRIDE는 유아를 대상으로 하는 검사이고, 유아의 부모가 자녀에 대해서 평가하도록 만들어져 있다. GIFT는 초등학생에게 맞도록 제작된 검사이며, 중고등 학생연령에 맞도록 제작된 것이 GIFFI (Rimm과 Davis, 1982)이다. 다음은 GIFT와 GIFFI 문항의 예시이다. GIFT의 경우 호기심, 독립심, 융통성, 인내심,

다양한 흥미를 측정하는 25개 문항으로 구성되어 있으며 GIFFI는 독립심, 자신감, 위험감수, 인내심, 모험심, 호기심, 유머, 예술적 흥미를 측정하는 60개 문항으로 이루어져 있다.

〈그림 5〉 GIFT 검사지 표지

이 검사의 장점으로는 여러 나라에서 또한 다양한 부류의 학생들(소수민족학생, 학습장애학생, 영재 학생)을 대상으로 해서도 타당도를 검증했다는 것과 실시가 간편하다는 점을 들 수 있다.

내용	예	아니오
나는 새로운 노래를 만드는 것을 좋아한다.		
나는 어떤 물건이든 분해해서 그것들의 기능을 찾아보는 것을 좋아한다.		
가끔 게임의 규칙을 바꾸는 것이 좋다.		
나는 어려운 과제를 하는 것을 좋아한다.		

〈표 1〉 GIFT 문항의 예시

내용	아니다	별로 그렇지 않다.	보통 이다	약간 그렇다	정말 그렇다
나는 유머감각이 많다.					
나는 단순한 일에도 빠져드는 경향이 있다.					
나는 다양한 취미를 가지고 있다.					
나는 예술적이다.					
나는 모험을 좋아한다.					

〈표 2〉 GIFFI 문항의 예시

다음의 형용사 중에서 자신에게 잘 어울린다고 생각되는 것들을 골라 빈칸에 표시하시오. 단, 자신이 바라거나 희망하는 바가 아닌 실제의 모습에 가깝다고 생각되는 문항에 표시하시오.					
1	그런 척하는		16	유머감각이 있는	
2	격식을 차리지 않는		17	예의 바른	
3	개인주의적인		18	관습에 얽매이지 않는	
4	관습적인		19	의심 많은	
5	재치있는		20	자기중심적인	
6	독창적인		21	자신만만한	
7	매력적인		22	자신감 있는	
8	보수적인		23	정직한	
9	불만스런		24	지적인	
10	속물스런		25	진실한	
11	사려 깊은		26	창작에 재능이 있는	
12	순종적인		27	통찰력 있는	
13	신중한		28	평범한	
14	영리한		29	흥미가 다양한	
15	유능한		30	흥미의 범위가 좁은	

〈표 3〉 CPS 문항의 예시

2) CPS(Creative Personality Scale for Adjective Check List)

이 검사는 Gough와 Heilbrun이 개인의 성향을 검사하기 위해 개발한 한 검사(ACL: Adjective Check List)의 일부이다. ACL은 심리적 욕구, 자아 기능성, 지능, 창의성을 측정하는 것으로 전체 문항은 300개이다. CPS(creative personality scale)는 바로 이 ACL에 속해 있는 형용사 중에서 창의성과 관련된 프로파일을 제시하는 30개의 문항으로 이루어져 있다. 이 검사의 문항은 플러스 점수를 받는 18개의 형용사와 마이너스 점수를 받는 12개의 문항으로 구성된다.

이 검사에서 높은 점수를 얻은 피검사자는 창의성을 측정하는 다른 검사에서도 높은 점수를 얻는 경향을 보여 심리 측정적으로 상당히 안정되어 있다. 또한, 지필 검사 형식이 아니라 행동목록(checklist)으로 제작돼서 부모나 교사가 유아를 측정하기 쉽다는 점이 장점이다.

3) PECC (Parental Evaluation of Children's Creativity)

이 PECC는 Runco가 부모나 교사가 아동의 창의성을 직접 평가할 수 있도록 제작한 측정도구이다. 이 검사에서 사용되는 평가지는 창의적인 아동들이 보이는 행동특성과 그렇지 않은 아동들이 보이는 행동 특성에 관한 부모나 교사의 생각에 기초하여 만들어졌다. 즉 이 평가지는 교사나 부모가 갖는 창의적인 아동에 대한 암묵적인 지식에 기초하여 만들어졌다고 볼 수 있다. 암묵적인 지식이란 전문가에 의해 개념화된 지식이 아니라 사람들이(일반인이건 전문가건) 일반적으로 공유하는 신념을 말한다. 따라서 이 도구는 그 사회의 일반적인 신념에 기초하고 있기 때문에 다른 문화권에서 사용하려면 타당화 작업이 필요하다.

4) 유아 창의적 특성 검사(K-CTC)

이 검사는 전경원에 의해 개발된 유아의 창의적인 특성을 알아보는 행동관찰 체크리스트이다. 대상은 만 4-6세 아동이며, 부모나 교사에 의한 개별 혹은 집단 관찰 보고로 이루어진다. 검사에 걸리는 시간은 약 20분 정도이다.

평소 유아가 생활하면서 보여주는 성격 특성에 대해 교사나 부모가 평정하는 것이다. 유창성, 융통성, 독창성 등 인지적 요인과 민감성(예리한 식별력과 관찰력을 가지고 사물을 자세히 관찰하는 특성 및 변화에 대해 민감하게 반응하는 경향), 독자성(타인에게 의지하거나 속박되지 않고 자립성이 높으며 자신이 옳다고 생각하는 바를 주장하는 특성), 호기심(신기하고 새로운 것을 좋아하거나 모르는 것을 알고 싶어하는 특성), 다양성, 유머감각, 탈 고정관념(단순하고 지나치게 일반화된 생각이나 고정관념에서 벗어나 틀에 박힌 대로 행동하지 않으려는 경향성), 개별성(혼자서 생각하고 아이디어를 내고 시간을 보내는 것을 즐기며, 친구가 없어도 무료하지 않게 시간을 보낼 수 있는 놀이나 활동을 즐기는 경향) 등 다양한 정의적 요인까지 평가할 수 있다. 비교적 간단하게 평가할 수 있으며 여러 명을 동시에 평가할 수 있다. 일반 창의성 검사 결과 해석을 보충해 줄 수 있는 보조평가로써 활용된다.

3. 창의적 산출물 검사

앞에서 아동의 인지적 측면과 정의적 측면에서 창의성을 평가하는 창의성 검사 도구에 대해서 살펴보았다. 그런데 최근 들어서는 창의적 산물(creative product) 자체에 대한 평가를 통해서 창의성을 평가하는 산출물 검사들이 새로운 대안으로 제시되고 있다. 이 창의적 산물검사의 장점은 무엇보다도 창의성의 결과를 직접 평가한다는 것이고, 다양한 나이에도 적용할 수 있다는 점이다.

1) 합의사정법(CAT: Consensual Assessment Technique)

CAT는 창의적 산출물에 대한 평가의 한 방법이다. 이 방법은 말 그대로 전문가들이 창의적이라고 합의하는 정도에 따라서 창의성을 평가하는 합의사정기법이다. 합의사정기법의 전제는 첫째, 어떤 특성이 창의적이라고 미리 정해놓을 수는 없으며 둘째, 창의성을 정의하기는 어렵지만, 보면 알 수 있으며 평가할 수 있고 셋째, 창의성은 있다/없다로 평가하는 것이 아니라 연속선상에서 평가한다는 것이다.

따라서 합의사정법은 특정한 평가 기준이 없다. 단지 평가자들의 주관적인 정의와 판단에 따라, 합의에 따라 평가한다. 이 평가방법은 영역별로 창의성을 측정할 수 있다. 예술적인 창의성을 평가하기 위해 콜라주(두꺼운 종이 위에 다양한 색종이를 오려붙이도록 함)를 만들도록 한 후에 평가한다. 특별히 평가를 할 때 피검사자들에게는 작품을 좀 '우스꽝스럽게(silly) 만들도록' 하는데 이는 반응형태가 너무 다양하게 나타나 평가가 어려워지는 것을 막기 위해서이다. 또 언어적 창의성을 평가하기 위해서 학생들에게 기쁨(Joy)이라는 단어를 주고, 이 단어로 시작하는 미국식 '시조(haiku)'를 완성하라는 과업을 제시하기도 한다. 또한, 공간-수학적(spatial-mathematical)인 능력을 검사하기 위해 컴퓨터를 이용해서 디자인을 해보라고 한다거나, 여러 재료를 이용해서 건축물을 만들어 보라고 하기도 한다. 문제해결력을 보려면 생존전략(survival ideas)을 짜보라고 한다거나, 첨단제품에 대한 아이디어, 또는 경영전략을 짜보라고 한다. 이처럼 CAT는 제시하는 과제를 발달수준과 영역별로 변화시켜서 평가할 수 있는 장점이 있다.

이 CAT는 CPSS와 마찬가지로 전문가들이 창의적 정도를 평가하게 되어 있으나 아마바일(Amabile)의 연구결과 각 분야에 어느 정도 소양이 있는 사람들이면 평가의 신뢰도에서 큰 문제가 없는 것으로 나타났다. 이를테면 초등학생들의 창의성을 평가하려면 미술담당선생이 평가자가 될 수 있다.

아마바일(Amabile)은 CAT가 예술, 언어, 과학 분야 등 다양한 영역에서 활용될 수 있고, 여러 연령층에 검사할 수 있으며, 검사 결과의 신뢰도가 보장된다는 것이 장점이라고 하였다.

2) CPSS (Creative Product Semantic Scale)

CPSS는 CAT와 창의적 산출물을 가지고 평가한다는 점에서는 같으나, 보다 세분화되고 체계적인 방법으로 평가한다는 점에서 다르다. 베세머(Besemer)와 그의 동료는 20년간의 경험적 연구를 바탕으로 창의적 산물을 평가하는 세 가지 차원을 제안했다. 이 세 가지 차원은 새로움(novelty), 실용성(resolution), 정교성과 종합성(elaboration & synthesis)이다. 이 세 가지 차원은 11가지 하위 준거들로 구성되어 있고, 각 하위요소는 6-9개의 양극 형용사로 구성되어 전체가 70여 개의 문항으로 되어 있다.

70여 개로 많은 문항 때문에 창의적 산물 1개를 평가하려면 잘 훈련된 평가자라도 상당한 시간이 걸리는 제약이 있으므로 간이형 CPSS를 개발했다. 이 간이형(short-form) CPSS는 원래의 CPSS와 같이 새로움, 실용성, 정교성과 종합성의 세 차원으로 구성되어 있다. 베세머(Besemer)의 이 창의성 산출물 평가 척도는 다음과 같다.

새로움(Novelty)					
1. 독창성(original): 또래 아동들이 제시한 해결책에서는 본 적이 없는 새롭고 독특한 해결책인가?	1	2	3	4	5
2. 놀라움(surprising): 예상치 못한 놀라운 해결책인가?	1	2	3	4	5
실용성(resolution)					
3. 가치로움(valuable): 중요성과 쓸모가 있는 해결책인가?	1	2	3	4	5
4. 논리성(logical): 문제 상황에 적절하고, 관련된 개념 및 과정을 옳게 따르는 해결책인가?	1	2	3	4	5
5. 유용성(useful): 실행 가능한 해결책인가?	1	2	3	4	5
6. 이해 가능성(understandable): 분명하고 충분히 설명되어 이해하기 쉬운가?	1	2	3	4	5
정교성과 종합성(elaboration & synthesis)					
7. 유기적 조직성(organic): 여러 요소가 유기적으로 관련되어 있는가?	1	2	3	4	5
8. 매력도(elegant): 사람들의 관심을 끄는 매력적인 해결책인가?	1	2	3	4	5
9. 완성도(well-crafted): 완성도가 있는 해결책인가?	1	2	3	4	5

〈표 4〉 베세머(Besemer)의 이 창의성 산출물 평가 척도

창의성 검사의 한계

위에서 창의성을 측정하는 여러 가지 평가 도구들을 살펴보았다. 모든 도구가 아동의 창의성을 정확하게 진단하는 것을 목표로 하지만 대부분 심리검사가 가지는 측정 대상의 불명확성이나 측정의 간접성(부모나 교사가 응답하는 경우) 문제를 극복하기는 어렵다. 아동에게 이러한 창의성 검사를 시행하고 그 결과를 해석할 때, 어떠한 한계가 있는지 알아볼 필요가 있다. 이러한 한계를 고려하여 창의성 검사 결과를 받아들여야 할 것이다.

먼저 유아를 대상으로 창의성 검사를 할 경우 유아의 발달 속도가 매우 빠른 것을 고려해야 한다. 유아의 빠른 발달 속도를 고려할 때, 과

거에 검사한 결과가 현재까지 한결같이 적용될 것으로 생각해서는 안 된다. 두 번째, 유아는 상황적인 요인에 쉽게 좌우된다. 검사자나 검사 환경이 낯설면 유아의 창의성을 충분히 반영하기 어렵다. 또 언어적인 측면에서 말하거나 읽고 쓰는 데 어려움이 있으므로 검사 상황에서 유아의 반응에 제한이 있을 수밖에 없다.

만약 유아의 창의성을 보다 정확하게 알고 싶다면 위의 한계를 고려하여 검사 형태를 다양하게 해 보는 것이 좋다. 즉 단일 검사만을 시행할 것이 아니라 피검사자들에 대한 종합적인 정보를 입수할 수 있도록 여러 가지 검사들을 동시에 시행하는 종합검사(package test)를 실시하는 것이 바람직하다. 그뿐만 아니라 유아의 창의성과 관련될 수 있는 생애사적 정보라든지 부모의 사회경제적 지위, 교사의 평가 등에 관한 정보를 수집하여 참조함으로써 더욱 타당한 유아의 창의성에 관한 검사 결과를 얻을 수 있다, 이렇게 얻어진 결과는 유아들의 교육에 적극적으로 활용되어 질 수 있는 자료들로서 매우 중요한 가치를 가지게 되기 때문이다.

둘째, 유아나 아동의 집중 시간이 짧은 점을 고려하여 유아의 흥미를 자아낼 수 있는 창의성 검사를 시행하는 것이 좋다. 만약 유아나 아동에게 시행되는 창의성 검사가 지필 검사에 의존하여 지루하다면 유아는 제대로 능력을 발휘하기 어려울 것이다. 어린 유아를 대상으로 하는 검사는 '놀이'의 개념을 받아들여 검사에 사용되는 자극의 유형이나 재료들을 좀 더 아동들에게 호기심을 불러일으킬 수 있는 것으로 구성하는 것이 필요하다. 김상윤의 창의성 검사는 칠교놀이를 통해서 독창성, 유창성, 융통성 등을 판별해 내는 검사로 어린 유아에게도 적합하다.

셋째, 집단검사보다는 개별검사가 아동에게는 더 바람직하다. TTCT

나 TCT-DP 등 창의성의 집단검사는 학령기 아동이나 그 이상의 나이에는 가능하나 유아에게는 불가능하다. 이외에도 유아나 아동을 대상으로 검사할 때는 집단검사보다는 개별검사가 훨씬 신뢰할 만하다. 학교에서 시행한 집단검사 결과가 만족스럽지 못해 개별검사를 다시 시행하면 점수가 훨씬 높게 나오는 경우가 종종 있다.

넷째, 아무리 전문적인 검사 기관에서 얻은 창의성 검사 결과라 하더라도 아동을 직접 보육하거나 교육하는 교사나 부모의 의견을 존중해서 해석해야 한다. 따라서 검사자와 교사, 부모 간에 검사 결과에 대한 충분한 논의가 이루어져야 한다. 이러한 논의를 통해서 부모나 교사의 창의성에 대한 이해와 관심을 높일 수 있으며, 창의성을 향상시키기 위한 지도를 할 수 있게 될 것이다.

마지막으로 한 검사로 모든 영역에서의 창의성을 측정할 수는 없다. 예를 들어 과학 부문에서 창의적인 재능을 가진 아동을 잘 판별해 내는 검사 도구가 예술 부문에서 창의적인 재능을 가진 아동도 판별해 내기는 어렵다. 최근의 연구결과들을 통해서 볼 때, 창의성이 상당 부분 한 특정 영역에서만 나타나는 경향을 보인다고 한다. 따라서 한 부분에서 창의적인 사람이 다른 부분에서도 창의적이기를 기대하기는 어렵다.

그러므로 아동에게 창의성 검사를 시행할 때, 그 검사가 어떤 부분의 창의성을 측정하는 도구인지 잘 알아둘 필요가 있다. 그리고 그 검사의 결과가 나쁘다고 해서 다른 창의성 검사에도 그렇게 나타나지는 않을 수도 있으므로 아동의 창의성에 대한 속단을 내리지 말아야 할 것이다.

3 창의적이기 위해 먼저 필요한 것들 (창의성을 위한 전제조건)

창의적이기 위해서는 인지적, 정의적, 환경적 요소들이 통합적으로 상호작용하여야 한다. 인지적 측면에서 창의적이라 하여도 환경적 요소가 뒷받침되지 않는다면 창의성이 발현되기 어려울 것이다. 인지적 요소뿐만 아니라 인내심, 동기, 성격과 같은 정의적 요소도 창의성과 중요한 관련이 있다.

창의적이기 위해 필요한 인지적인 요소들로는 지적 능력(확산적 사고와 수렴적 사고 능력), 인지 유형, 지식 등을 들 수 있다. 정의적 요소들로는 성격 특성과 동기를 들 수 있다. 마지막으로 환경적 요소로는 가정환경, 학교 환경, 사회의 역사, 문화가 있다.

3장에서는 창의적이기 위해 먼저 필요한 전제 조건들로 인지적 측면에서는 지식, 정의적 측면에서는 동기, 환경적 측면에서는 생활습관을 중심으로 설명하고자 한다. 다른 요소들에 대해서는 다른 장에서 더욱 자세히 다룰 것이다.

창의적이기 위해서는 동기가 필요하다. 동기란 어떤 행동을 하는 원인이라고 볼 수 있다. 아이에게 동기가 있다면 어떤 장애가 있어도 혹은 누가 시키지 않아도 지속적이고 능동적인 추구를 할 것이다. 중학교 3학년인 큰아이가 미국에서 중학교에 다니면서 가장 인상 깊었던 것이 있다고 한다. 그것은 두 장만 써서 내라고 한 수필을 4장을 써서 내는 제시카라는 여학생에 관한 것이었다. 초등학교 때 우리 아이의 담임 선생님은 일기를 안 쓰거나 써도 몇 줄 안 쓰는 아이들을 위해서 매일 일기를 여섯 줄 이상씩 써 오라고 하셨다. 우리 아이는 모든 일기를 다섯 줄과 여섯째 줄에 딱 한 글자('다')로 끝나게 하는 놀라운 재주를 선보였다. 일기를 쓰게 하려는 선생님의 의도는 좋았지만 일기를 쓰는데 동기부여가 되지 않은 아이들에게는 일기를 쓰는 게 고역이었을 것이다. 따라서 '아이에게 무엇을 하게 만드는 것'이 아니라 '무엇을 할 만한 동기를 부여하는 것'이 훨씬 중요하다.

그러면 어떻게 동기를 부여할 것인가? 그러면 내 아이에게 어떻게 어떤 것에 호기심을 갖도록 할 수 있을까? 아마도 대다수의 아동학자나 유아교육 학자들은 이 질문에 대해서 칭찬과 관심이 호기심을 갖도록 하는 것이 도움이 될 것이라고 응답한다. 부모의 관심이나 칭찬은 아이로 하여금 어떤 분야에 지속적인 흥미를 갖도록 도와준다. 특히 좋은 교사를 만나기 어렵거나 좋은 교육적 환경을 마련하기 어렵다면 부모의 관심과 칭찬은 더욱 필요하다. 어떤 아이는 칭찬 자체가 중요하다. 이런 아이는 칭찬이 자신이 존재하는 이유이다. 이 아이에게 비판하는 것은 자신의 존재를 부정하는 것이 된다. 이런 아이에게는 무조건 칭찬해야 한다. 반면 무조건 칭찬하는 것이 도움되지 않는 아이도 있다. 이 아이들에게 칭찬할 때는 아이가 한 일을 콕 집어 칭찬해야 한다.

'이야! 하늘을 어떻게 붉은색으로 칠할 생각을 한 거니? 마치 붉은 노을이 든 저녁 하늘 같아. 정말 멋진 그림인데!'라고 칭찬한다면 그 아이는 만족할 것이다. 자신의 아이가 어떤 종류의 칭찬을 원하는지 파악해 보고 그것에 맞게 칭찬하는 것이 필요하다.

다양한 경험을 하는 것도 아이가 자신이 진정 관심 있는 분야가 무엇인지 발견하는 데 도움이 된다. 다양한 경험을 하는 가장 좋은 방법은 여행하는 것이다. 혹은 도서관이나 박물관, 전시회, 연주회 같은 곳에 데리고 다니는 것도 좋은 방법이다.

그런데 이런 곳에 가면 도서관을 전세 낸 양, 자기 아이에게 큰 소리로 책을 읽어주는 부모들, 전시회나 박물관 입장료의 본전을 뽑으려는 양 아이가 관심이 있든 없든 열심히 설명하는 부모들을 종종 본다. 사실 나도 그런 부모 중의 하나였다. 큰아이가 여섯 살이었을 때, 미국 서부를 여행하고 있었다. 어떤 인디언 박물관에 들어가게 되었는데 내가 보기엔 전시가 아주 잘 되어 있었다. 당시 인디언의 모습과 목소리까지 들을 수 있었고, 인디언이 만든 물건들과 집 등을 볼 수 있었다. 여섯 살인 아들에게 인디언에 대해서 열심히 설명했지만 아이는 쓰레기통만 뒤지고 다니며 '저 과자는 어느 자동판매기에서 나오는지.'에만 관심을 보였다. 나는 미국까지 오는데 지급되었던 비행기 값과 체류비, 박물관 입장료 등등이 아까워 아이를 닦달했지만, 아이의 관심을 불러일으킬 수는 없었다. 그러나 당시 아들아이 스스로 가졌던 과자 봉지에 대한 관심은 10여 년이 지난 지금까지도 지속하고 있다. 그 이후로는 큰아이와 박물관이나 전시회를 가면 내가 아이의 뒤를 쫓아다닌다. 앞서 나가며 아이에게 '이것 봐라.' '저것 봐라.' 하는 것이 오히려 아이의 관심을 꺾고 수동적으로 징징거리며 엄마를 쫓아다니거나 엄마에게 반항하며 다른 곳으로 가게 한다는 것을 깨달았기 때문이다.

그러나 이러한 노력은 절대 쉽지 않다. 아이에게 하나라도 가르치고 전하고자 하는 부모의 노력이 시시때때로 표면화되기 때문이다. 큰아이가 중학교 2학년 때 뉴욕의 메트로폴리탄 미술관에 갔었을 때의 일이다. 거기서 그림으로만 보던 세계적인 명화들이 전시된 것을 보자 내 마음에 다시 아이에게 이 멋진 그림들을 설명해 주고 싶은 열망이 생겼다. 그래서 작가에 대해서 열심히 설명하며 이 전시실, 저 전시실로 아이를 끌고 다녔다. 여섯 살 때보다 머리가 크고 제 주장이 생긴 아이는 엄마인 나를 아주 힘겹게 만들었다. 아무런 관심을 보이지 않고 이 미술관을 언제 나갈 것인지만 계속 물어봤다. 참다 참다 드디어 폭발한 나는 미술관을 나가 있든지, 혹은 미술관 안에서 식당이든 기념품 가게든 아이 맘대로 다니고 정해진 시간에 미술관 앞 계단에서 만나기로 하고 아이와 결별했다. 고흐의 작품 앞에서…. 어디를 가나 광적으로 박물관과 미술관을 찾아다니는 엄마를 둔 아들아이는 지금도 여행을 떠날 때 그곳에 박물관이 있는지 먼저 물어본다. 만약 박물관이 없다고 하면 안도하고, 있다고 하면 경기를 한다. 다양한 경험을 하도록 도와주되 부모가 주체가 되는 것이 아니라 아이가 관심의 주체가 되도록 부모는 한발 물러나 있어야 한다.

어느 유능한 어린이집 교사는 산책하면서 아이들에게 클래식 음악을 들려주려고 다음과 같은 방법을 쓴다고 한다. 먼저 산책을 나서면서 아이들과 살짝 떨어져서 이어폰으로 음악을 듣는다. 이때 아이들은 선생님이 자신들과 함께 걷지 않고 약간 떨어져서 혼자 음악을 들으며 걸어가는 것을 보면 십중팔구 선생님께 다가와서 '뭐 하느냐?'라고 묻는다고 한다. 이때 선생님은 약간 귀찮다는 표정으로 이어폰 한쪽을 빼면서 클래식 작가 누구의 어떤 음악을 듣는다고 하면서 아이에게 '한번 들어볼래?'하고 말한다. 그러면 이 아이, 저 아이 다가와서 서로 선생님의 이어폰 한쪽을 차지하고 싶어 한다. 이러면 산책을 하면서 아이들에게 음악을 들려주고자 했던 선생님의 목적은 거의 달성된 것이다.

아이가 한 분야에 관심을 두게 되어 동기화되었다면 그다음엔 무엇이 필요할까? **창의적이기 위해서는 기존의 지식을 충분히 받아들여야 한다.** 창의적인 업적이 어느 날 갑자기 만들어지는 것은 아니다. 창의적인 업적을 내기 전에 충분한 학습량이 있어야 한다. 이것이 창의성이 발현되기 위한 두 번째 전제조건이다. 탁월한 창의적 업적을 수행한 사람들도 사고와 발명의 기초가 되는 과학적 지식이 없었다면, 그 창의적 업적을 이루어 내기는 어려웠을 것이다. 따라서 창의적 업적을 이루기에 앞서 필요한 것은 기존의 지식을 아는 것이다. 새로운 음악을 작곡하려면 기존의 음악적 전통을 배워야 한다. 천재적인 작곡가 모차르트도 아버지로부터 혹독하게 음악에 관한 지식과 기술을 습득한 후에야 작곡을 시작할 수 있었다. 과학적 발명을 하려면 기존의 과학적 사고와 지식 체계를 습득해야 한다. 아무리 언어적 재능을 가졌다 하더라도 외국어에 노출되지 않는다면 새로운 말을 할 수 없다. 사람들은 자신이 경험하지 않은 영역에서 창의적일 수 없다. 헤이스[5]는 76명의 위대한 작곡가들이 작곡한 500곡 이상의 유명한 음악 중에서 작곡가 경력 10년 이전에 작곡된 곡은 단 세 곡뿐이었다고 하였다.

단지 어떤 분야를 경험해야 창의적일 수 있는 전제조건이 마련되는 것이 아니라 그 분야에서 전문적이 되어야 창의적일 수 있다. 일단 정보량이 임계치를 넘어서야 한다. 임계치를 넘은 정보가 질(質)로 바뀌기 때문이다. 창의적인 문학작품을 쓰려면 기존의 문학 기술 방법이나 줄거리 구성 방법, 등장인물의 묘사와 같은 것들을 전문적으로 배

5) Hayes. J. R. (1989). Cognitive processes in creativity. In J. A. Glover, R. R., Jackson, P. W. , & Messickk, S. (1967). The person, the product and the response: Conceptual problems in the assesment of creativity. In J. Kagan(Ed.). *Creativity Monthly,* 46, 441-459.

워야 한다. 그뿐만 아니라 기성 작가의 작품을 읽고 또 읽으면서 자기 것으로 만들어야 한다. 어떤 글쓰기 교실에서는 기존 작품을 단지 베끼는 것으로도 새로운 글쓰기의 첫 걸음을 뗄 수 있다고 가르치며 실제로 그렇게 연습하게 한다.

어떤 분야에서 전문적인 경험을 쌓는다는 것은 중요하다. 분야에 따라서 어떤 분야는 이 시간이 오래 걸리는 일도 있고 어떤 분야는 적게 걸리기도 한다. 예를 들어 수학 같은 경우에는 그 체계가 엄격하고 명확하다. 수학에서 두각을 나타내려면 기존의 엄격하고 명확한 수학적 상징체계를 빨리 익혀야 한다. 그리고 그 구조 안에서 새로운 이론을 제기하면 즉시 주목받고, 그 이론이 적절하면 학계에서 인정받을 수 있다. 반면 사회과학이나 인문과학은 그 학문 분야에 담긴 많은 양의 기존 지식을 습득하려면 수십 년 걸릴뿐더러, 거기서 창의적인 업적을 낸다 하더라고 그 안에서 인정받기 위한 여러 가지 절차를 거치려면 오랜 시간이 필요하다.

창의적인 생활습관을 형성하는 것도 창의적이기 위한 전제 조건이다. 미켈란젤로는 자신의 일생을 건 대작인 천지창조를 그리고자 시스틴 성당의 천장 밑에서 몸을 웅크린 채 그림을 그렸다고 한다. 괴테는 늘 같은 시간에 산책해서 괴테가 산책하는 것을 보고 시간을 맞추는 사람도 있었다고 한다. 기존의 건축에 대한 개념을 뛰어넘는 성가족 성당과 같은 아주 독창적인 건축물을 지은 가우디도 마찬가지였다. 그는 매일매일 일과도 정해서 아침 미사, 성당 건축 작업, 저녁 고해 성사, 산책, 취침으로 이어지는 시간표를 정확하게 지켰다고 한다. 이처럼 많은 창의적 인물들의 일화에는 그들의 창의성이 발현했던 특별한 상황들에 관한 이야기가 많이 있다.

많은 창의적인 사람들은 창조적 활동으로 점화(點火)되는 의식을 마련함으로써 창조적인 하루하루를 살아간다. 위에서 예로 든 것처럼 괴테의 산책이 그러했고 베토벤 또한 아침 산책을 하면서 머릿속에 떠오르는 악상을 작은 노트에 썼다고 한다. 작곡가 이고르 스트라빈스키도 매일 아침 스튜디오에 들어가 바흐의 푸가를 연주하면서 창조적인 하루를 시작했다고 한다. 분석 심리학의 태두인 칼 융도 더는 창의적인 생각이 떠오르지 않자, 시골의 호숫가로 가서 살면서 만다라를 그렸다. 수학자인 푸앵카레도 해변을 걷다가 우연히 떠오른 생각을 바탕으로 방정식을 더 구체화했다고 한다. 밀러(Miller, 1992)는 창의적인 사람들에 대해 연구한 결과 갑작스러운 발상이라는 것-소위 발생순간-도 사전에 준비되어 있지 않으면 발생하지 않는다는 것이다. 위에서 언급한 '점화의식'이 바로 '발생순간'이라고 볼 수 있다.

평범한 우리도 아이디어가 떠오르지 않거나 문제가 잘 풀리지 않으면 어떤 특별한 상황에서 특별한 행동을 하는 창조성이 발현되는 특별한 의식을 행하는 것도 좋다. 나는 창의성에 관한 이 책을 몇 개월에 걸쳐 쓰면서 아침마다 일회용 봉지 커피를 타서 컴퓨터 앞에 앉았다. 일회용 봉지 커피가 몸에 좋지 않은 것 같아 며칠 전부터 봉지 커피 대신 녹차를 마시려고 시도했는데 커피를 마시지 않으면 원고가 써지지 않았다.

또한, 아무리 생각해도 아이디어가 고갈되었다고 느낄 때, 문제가 해결될 기미가 보이지 않을 때 오히려 책상 앞을 떠나서 다른 육체적인 활동을 한다면 문제를 해결할 실마리를 찾을 수 있을 것이다. 수영을 하거나, 농구를 하거나, 걷기를 하거나, 자전거를 타거나, 요리를 하거나 청소를 하는 것 등이 쉽게 할 수 있는 창조적 습관을 형성하는데 적용해 볼 수 있는 활동이다. 몸으로 하는 행동을 하면 이제까지 잠자던 머릿속의 회로가 작동하면서 지금까지 간과했던 어떤 부분을 포착해

낼 수 있게 되기 때문이다.

창의적인 생각이 잘 떠오르는 시기는 걷거나 운전할 때, 샤워를 하거나 잠이 들기 직전이나, 잠에서 깬 직후이다. 구글 회사에서는 직원들에게 산책을 권하기도 한다. 사람들은 어느 정도의 주의력을 요구하는 반자동적인 활동을 할 때 더 창의적인 생각이 떠오른다. 어떤 문제에 집중해서 골몰할 때보다는, 그 생각이 의식과 무의식을 오가는 경계에서 문제 해결의 실마리를 찾기가 더 쉽다. 이와 관련된 재미있는 실험이 있다. 두 집단으로 나누어 한 집단은 20분 동안 방 안에 조용히 앉아 있도록 하고, 다른 한 집단은 사과를 깎게 했다. 그리고 나서 두 집단 모두에게 정신의 예민함을 평가하는 테스트를 했더니 사과를 깎았던 집단이 더 높은 점수를 받았다. 이는 완전히 집중하는 것보다 손이나 다른 감각을 활용하면서 반의식 상태에 있을 때, 생각이 예민해진다는 것을 말해 준다. 특히 주의집중이 어려운 아이와 이야기할 때는 아이의 감각을 깨우면서 이야기하는 것이, 아이를 가만히 앉아 있게 하면서 이야기하는 것보다 효과적이다. 예를 들어 어깨를 붙잡고 이야기를 한다든지, 손을 붙잡고 아래위로 흔들면서 이야기를 한다든지 하면, 아이가 훨씬 더 이야기에 집중하고 기억한다. 특히 산만한 아이는 엄마나 아빠 혹은 교사가 뒤에서 껴안고 몸을 좌우로 흔들거나 앞뒤로 흔들면서 이야기하면 아이의 감각과 뇌를 깨우면서 이야기하는 것이므로 가만히 앉아서 듣게 하는 것보다 효과적이다.

수영을 하던, 산책을 하던, 요리를 하던, 청소를 하던 각자가 가장 창조적이 될 만한 상황으로 들어가는 방법은 다 다르지만, 그 방법을 발견하고 적극적으로 활용하는 것은 아주 필요한 일이다. 자신의 창조성의 스위치를 당겨줄 만한 창조적인 습관을 만드는 것은 창조적이기 위한 첫걸음이다.

꼭 창의적인 활동이 아니더라도 공부를 하려고 시간을 계획할 때에도 자신을 둘러싼 시간적 공간적 환경을 자신에게 맞게 창조하는 노력은 필요하다. 적절한 일(공부)과 휴식의 배분, 정적인 활동과 동적인 활동의 균형, 혼자 있는 시간과 함께 있는 시간의 적절한 조화 등을 꾀함으로써 자신의 존재 방식을 찾고 그 안에서 자신이 원하는 것을 이루어 나가도록 부모와 자녀가 같이 노력할 필요가 있다. 중 3이 되는 아들아이는 노는 토요일 8시면 어김없이 친구들과 농구를 하러 나간다. 아침도 거르고 11시까지 땀을 뻘뻘 흘리며 운동을 하고 와서 샤워한 다음 늦은 아침밥을 먹고 도서관으로 가거나 자기 방으로 가서 공부를 한다(하려고 한다.). 놀기와 공부하기의 경계가 명확하다. 아이의 말이 놀기와 공부하기의 경계가 명확하지 않은 아이들은 주로 PC 방에 가거나 친구들과 도서관에서 노는 것도 아니고 공부하는 것도 아닌 상태에 머물러 있다고 한다.

보통 사람이 누릴 수 있는 창의적 삶을 자신의 기호와 개성을 표현하고, 지루하지 않으면서도 안정된 삶을 사는 것이라고 한다면 자신이 최적의 상태에 머물 수 있는 시간적 공간적 환경을 창조해 내어 자신의 고유한 존재 방식을 찾는 것은 꼭 필요한 일이다. 부모 스스로뿐만 아니라 아이도 이러한 존재 방식을 찾도록 도와주어야 한다.

4 창의적으로 생각한다는 것은 무엇인가?
(창의적 사고/확산적 사고)

미국심리학회 회장을 지내고, 창의성 연구에 큰 발자취를 남긴 길포드(J. P. Guilford)는 인간의 사고양식을 수렴적 사고와 확산적 사고로 구분하고, 창의적 사고의 핵심은 '아이디어를 생산하는' 확산적 사고에 있다고 했다.

그가 확산적 사고에 관심을 두게 된 것은 2차 세계대전 당시 공군에 배속되어 조종사를 선발하던 경험에서 비롯된다. 그는 자신이 선발한 조종사들의 사망률이 높고, 자신보다 전문성이 떨어진다고 생각했던 퇴역 군인이 선발한 조종사들의 사망률이 낮은 것에 충격을 받았다.

길포드(Guilford)와 퇴역 군인의 차이점은 "작전 수행 중 적군이 대공포를 쏘면 어떻게 하겠는가?"에 대한 응답자의 답변에 있었다. 길포드(Guilford)는 교본에 적힌 대로 "더 높이 올라가서 대공포를 피하겠다." 라고 응답한 사람들을 주로 선발했다. 반면 퇴역 군인은 교과서에 적힌 대로 답한 조종사들보다는 "하강하겠다." 또는 "일단 본부로 퇴각하겠다."와 같은 응답을 한 조종사들을 선발했다는 점이었다.

퇴역 군인이 선발한 조종사들이 더 많이 생존할 수 있었던 이유는 독일군이 이미 그 교본을 입수하여 대공포를 쏘면 더 높이 올라갈 것이라는 것을 알고, 미리 전투기를 구름 속에 은폐하여 대기시켰기 때문이었다.

길포드(Guilford)는 이 경험을 통하여 교과서적인 정답보다는 미리 예측되지 않은, 또는 정해져 있지 않은 다양한 해결책이나 답을 모색하는 확산적 사고에 관심을 두게 되었다. 길포드(Guilford)의 확산적 사고의 개념은 그 이후 창의적 사고의 개념 형성에 많은 영향을 미쳤다.

창의성은 확산적 사고에 해당하는 것으로 문제를 찾아내어 새로운 탐색 영역을 넓히는 능력인 민감성, 정해진 시간 동안에 얼마나 많은 아이디어를 생성해낼 수 있는지, 질보다는 양을 중요하게 여기는 유창성, 정해진 시간 동안에 얼마나 다양한 범주(종류)의 아이디어를 생성해낼 수 있는지의 능력인 융통성, 독특하고 새로운 아이디어를 산출하는 능력인 독창성, 생성해 낸 아이디어가 얼마나 자세하고 구체적인지에 대한 능력인 정교성, 마지막으로 새로운 목적을 위해서 친숙한 대상이나 문제에 대한 기존의 해석을 버리고 새로운 방법으로 의미 있게 다시 정의하는 능력, 구성하는 능력인 재정의 및 재구성을 제시하였다.

현재에는 창의성에 확산적 사고뿐만 아니라 수렴적 사고도 창의성과 밀접하게 관련되어 있다고 하지만 이 장에서는 창의성의 확산적 사고에 초점을 맞추어 기술하고자 한다.

민감성이란 사물이나 환경에 대해 다른 사람과 다르게 예민하게 받아들이거나 생각하는 것이다. 보통 사람이라면 별 문제가 되지 않는 것을 문제 상황으로 예민하게 받아들이는 능력이다. 이러한 민감성은 창의적 사고의 기초가 된다. 유창성, 독창성, 융통성 등을 계발하려면 먼저 민감성이 필요하다.

민감성을 계발하려면 시각, 청각, 촉각, 후각과 같은 감각을 활용하여 남들이 간과하는 세밀한 것을 포착해 내는 관찰력이 필요하다. 시각적 관찰력을 키우려면 두 그림의 차이 찾기, 숨은 그림 찾기 같은 것을 아이들과 해 보는 것이 좋다. 요즘은 휴대전화 안의 게임 중에도 두 그림 간의 차이점 찾기 같은 것이 있다. 아이들이 휴대전화 안의 게임을 하는 것을 막을 수 없다면, 그 안에 어떤 게임이 있는지 알아보고, 유익한 게임을 골라 같이 하는 것도 좋은 방법이다. 혹은 자동차를 타고 갈 때도 창 밖의 광경을 묘사해 보는 것도 시각적 관찰력을 키우는 데 도움이 된다. 한 영국 드라마에서는 형사인 아버지가 아들의 관찰력과 기억력을 증진하기 위해서 식당에 가서 아이가 좋아하는 후식을 주문하기 전에 그 식당에 모자 쓴 사람이 몇 명이나 있는지 눈을 감고 맞추도록 하는 것을 본 적이 있다. 아파트의 창문이 다 같아 보여도 집집이 다르다. 오고 가면서 아파트 창문의 변화와 차이점 등을 이야기해 보아도 좋다. 이외에도 청각이나 촉각, 후각, 미각을 통한 민감성 활동을 일상생활에서 해 볼 수 있다.

엄마와 함께하는 감각을 통한 민감성 활동

✿ 청각을 활용한 민감성 활동

–장님 놀이
(술래가 눈 감고 다른 사람들이 손뼉을 치면 소리 나는 쪽으로 가서 잡는다.)
–피아노로 음을 치고 계이름 맞히기
–눈을 감고 방안에서 나는 소리 표현하기
–창 밖에 지나가는 차 소리 듣고 차 종류 맞히기

✿미각을 활용한 민감성 활동

-음식을 먹으면서 어떤 재료가 들어갔는지 맞히기
-아주 단 초콜릿과 덜 단 초콜릿을 순서대로 늘어놓기
-아주 신 음식과 그렇지 않은 음식을 순서대로 늘어놓기

✿시각을 활용한 민감성 활동

-두 그림의 차이 찾기
-숨은 그림 찾기
-지나가는 풍경 묘사하기
-미로 찾기
-가게나 길거리에서 바로 지나친 사람이 어떤 색깔의 옷을 입고 있었는지 알아맞히기

✿후각을 활용한 민감성 활동

-특정한 장소(제과점, 부엌, 화장실 등)에서 나는 냄새에 대해 표현해보기
-저녁 식사 전에 냄새로 메뉴 알아맞히기
-엄마나 아빠 등 식구들의 고유한 냄새 맡고 기억하기

✿촉각을 활용한 민감성 활동

-눈을 감고 손으로 만지기만 해서 물건의 이름 알아맞히기
-가방에 물건을 여러 개 집어넣고 원하는 물건 찾기

또, 잘 알려진 이솝 우화인 '개미와 베짱이'에서 모두 개미의 부지런함과 베짱이의 게으름에 초점을 맞추어 생각할 때, 배고프다고 찾아온 베짱이를 그냥 보내는 개미가 나쁘다고 생각하는 것이 민감성이다. 혹은 '선녀와 나무꾼'에서 나무꾼이 선녀의 옷을 훔쳐서 선녀와 결혼하는 것이 옳지 않다고 생각하는 것도 민감성이라고 볼 수 있다. 또 선녀 중에서 한 명이 옷이 없어져서 두레박을 타고 하늘로 올라가지 못할 때 다른 선녀들이 같이 남아서 선녀의 옷을 찾아 주지 않았을까 생각해 보는 것도 민감성이라고 볼 수 있다. 이러한 민감성은 전래동화를 서술자의 시점과 다르게 바라봄으로써 길러질 수 있다. '선녀와 나무꾼'을 나무꾼이 아니라 선녀의 시점에서 읽는 것이다.

유창성이란 특정한 문제 상황에서 가능한 한 많은 양의 아이디어를 산출하는 능력을 말한다. 이때 아이디어의 질보다는 양에 초점을 맞춘다. 양이 많다고 다 좋은 것은 아니지만 많은 양의 아이디어 속에는 몇몇 질 좋은 아이디어도 숨어 있을 것이라고 보기 때문이다. 확산적 사고의 하나인 유창성을 활용하여 생산해 낸 많은 양의 아이디어를 수렴적 사고 과정을 통해서 걸러내면 되기 때문이다. 이 민감성은 독창성이나 융통성보다 훈련을 통해서 쉽게 향상될 수 있는 요소이다. 유창성 증진을 위한 훈련에는 아이디어를 생산해 내려고 자유로운 분위기를 형성하는 것이 중요하다.

엄마와 함께하는 유창성 활동

✿문제 해결 방법을 여러 가지로 생각해 내기

- 내가 선녀라면 옷을 잃어버렸을 때 어떻게 할까?
- 내가 부자라면 며느리를 어떻게 고를까?

✿동화를 하나 생각해 보고 떠오르는 이미지 나열하기

-'소가 된 게으름뱅이'하면 떠오르는 것?
-'줄줄이 꿴 호랑이'하면 떠오르는 것?

✿결과에 맞춰 원인 생각하기

- '콩쥐'라는 정답이 나올 수 있는 문제를 만들어 보자.
- '게으름뱅이'라는 정답이 나올 수 있는 문제를 10개 만들어 보자.

✿동화의 배경을 바꾸어 보자.

- '부자의 며느리 고르기'에서 부자가 바닷가에 살았다면?
- '개미와 베짱이'가 다른 곳에 살았다면?

✿동화의 주인공을 바꾸어 보자.

- '선녀와 나무꾼'에서 주인공이 나무꾼이 아니라 어부였다면? 혹은 사냥꾼이었다면?
- '개와 고양이'의 등장동물을 개나 고양이가 아닌 다른 동물로 한다면?

융통성은 기존의 사고방식에서 벗어나 새로운 관점에서 해결책을 찾아내는 능력이다. 다시 말하면 고정관념에서 벗어나 폭넓고 다양한 문제 해결 방식을 생각해 내는 것이다. 융통성은 유창한 사고뿐만 아니라 독창적인 사고의 관건이 된다. 융통성은 유창한 사고에서 독창적인 사고로 넘어가거나 반대로 독창적인 사고에서 유창한 사고로 넘어가는 것을 도와주기 때문이다. 구체적으로 유창성 훈련을 통하여 가능한 한 많은 아이디어를 생각해 낸 다음, 이 아이디어를 범주별로 분류하다 보면 융통성 있는 아이디어가 떠오를 수 있다.

수달을 두고 다투는 사냥꾼과 부자의 재판에 관한 이야기를 들려주고, 아이들에게 어떻게 해결할 수 있을까 하고 물었다. 이미 책을 읽어서 대답을 아는 아이들은 수달의 가죽은 사냥꾼을 주고, 수달의 고기는 수달을 잡은 부자의 개에게 주라고 답을 했다. 이야기에 제시된 원님의 결정도 융통성 있는 문제해결이다. 그런데 다른 아이들은 수달을 팔아서 돈으로 만든 다음 둘이서 나누어 가지게 한다, 수달을 놓아 준다 등의 다른 대답도 했다. 이 또한 융통성 있는 문제 해결이다.

다음은 가정에서 쉽게 해 볼 수 있는 융통성을 함양할 수 있는 놀이이다.

엄마와 함께하는 융통성 활동

✿ 하나의 물건을 다른 용도로 사용해 보기

- 신문지를 어떻게 재활용할 수 있을까?
- 초콜릿을 무엇과 섞으면 더 맛있을까?

✿ 문제 상황을 해결하는 다양한 방법 찾기

- 내가 만약 선녀와 나무꾼에 나오는 선녀라면 옷을 찾으려고 어떻게 할까?

– 내가 만약 원님이라면 수달을 어떻게 나눌까?

✿전래동화를 범주별로 묶어 보기

– 호랑이가 나쁘게 나오는 전래동화는 어떤 것이 있을까?
– 토끼가 영리하게 나오는 전래동화는 어떤 것이 있을까?
– 좋은 계모가 나오는 전래동화를 찾아보자.
– 도깨비가 나타나서 좋은 일이 벌어지는 전래동화는 무엇이 있을까?

독창성은 참신하고 독특한 아이디어를 산출하는 능력을 말한다. 창의적 사고의 최종적 목표라고 볼 수 있는 이 독창성은 누구와도 다른 나만의 아이디어를 창안해 내는 데 있다. 그래서 독창적인 사고를 하는 것은 특히 어렵다. 예를 들어 토끼와 거북이에서 시합 자체가 거북이에게 불공정하다고 문제제기를 하는 것도 독창적이다. 특히 바다거북처럼 물에서 사는 거북이면 뭍에서 하는 시합은 절대적으로 불리하다는 것이다. 아이들에게 이 시합의 불공정성을 이야기하고 나서, 어떻게 하면 토끼와 거북이 모두에게 공정한 시합이 될까? 하고 물었더니 뭍에서, 물에서, 공중에서 철인 3종 경기를 하면 된다고 응답하였다.

엄마와 함께하는 독창성 활동

✿상호관련이 없는 단어를 명사와 동사로 제시하고, 그 단어를 활용하여 이야기 꾸미기

– 뛰고, 먹고, 날고, 도망가고 기다가 웃는 이야기를 만들어 보세요. 주인공은 게으름뱅이, 미련한 호랑이, 덩치 큰 토끼 중의 하나로 합니다.
– 비틀비틀, 어질어질, 팔딱팔딱, 새근새근, 콜콜 이 들어가는 재미있는 이야기를 만들어 보세요.

✿전래 동화 제목을 다르게 붙여 보기

–흥부전에 다른 제목을 붙인다면?

–콩쥐팥쥐전에 다른 제목을 붙인다면?

✿전래동화의 등장인물, 사건, 배경을 바꾸어 이야기를 지어내기

✿가장 좋아하는 전래동화의 주인공을 소개하는 소개장을 만들어 보세요.

✿우유 광고를 찍는다면, 어떤 전래동화의 주인공이 좋을지 생각해 보고, 광고 콘티를 짜 보세요.

정교성은 기존의 아이디어를 세분화하거나 구체화하는 것을 말한다. 유창성이나 융통성이 사고의 너비에 관한 개념이라면 정교성은 사고의 깊이에 관한 개념이다. 즉 한 아이디어가 얼마나 상세하고 심층적인가에 관한 것이다.

엄마와 함께하는 정교성 활동

✿전래동화를 읽고 인상깊은 한 장면을 그려보기

- 전래동화의 풍경을 자세히 묘사할 것.
- 가장 좋아하는 등장인물의 초상화 그리기
- 가장 싫어하는 등장인물의 초상화 그리기

✿독창성 활동에서 만든 이야기를 다시 읽고, 앞뒤 문맥을 살펴가며 좀 더 구체적으로 이야기를 쓰기

- 의성어, 의태어, 형용사, 부사 등을 써서 이야기를 보다 정교하게 할 것.

5 창의적인 유아로 키우는 가정환경과 자녀 양육

1. 창의적인 가정환경

아동의 창의성과 환경에 관한 많은 연구를 살펴보면 두 가지 견해로 요약할 수 있다. 첫 번째 관점은 인본주의 심리학자들의 관점이다. 인본주의 심리학자들은 인간은 정신분석 이론에서 설명하는 것처럼 무의식적 동기에 사로잡힌 존재도 아니며, 행동주의 심리학자들의 주장처럼 환경에 의한 자극과 반응의 연합체도 아니라고 본다. 인본주의 심리학에서는 인간의 자유의지와 자아실현에 대한 욕구를 강조한다. 프롬(Fromm)이나 매슬로우(Maslow), 로저스(Rogers), 프랭클(Frankle)과 같은 인본주의 심리학자들은 창의성이 자아실현과 관계있다고 본다. 다시 말하면 자아를 실현한 사람은 창의적이라고 본다. 매슬로우(Maslow)는 특히 모든 사람이 창의적인 잠재력이 있고, 이 잠재력을 발현할 수 있도록 도와주는 것이 환경이라고 보았다.[6] 가드너(Gardner)에 의하면 창

6) Maslow, A. H. (1970), *Motivation and personality*. New York: Harper & Row.

의성이 억압될지 자유롭게 발현될지가 정해지는 시기는 두 살에서 일곱 살 사이라고 한다.[7] 가정환경은 두 살에서 일곱 살까지의 아동이 가장 많이 경험하는 환경이므로 아주 중요하다.

가정환경을 두 가지 측면으로 나누어 보면 물리적인 환경과 심리적 환경이다. 아동의 창의성을 키우는 가정의 가장 큰 심리적인 특성은 수용적이라는 것이다. 수용적인 환경이란 획일적이거나 억압적이지 않고 아동의 생각이나 표현을 있는 그대로 받아들이는 것을 말한다. 아동이 어떤 질문을 해도 존중받으며, 아동의 의견을 진지하게 고려하고, 실수를 해도 질책하지 않는 부모가 있는 가정이 수용적인 가정환경이다. 이런 일이 있었다. 어느 겨울날, 아이가 엄마에게 눈이 많이 오는 것을 보고 '눈이 보라 친다.'라고 했다. 아이는 얼마 전에 '눈보라가 친다.'라는 표현을 책에서 보고 그것을 응용해서 나름대로 표현한 것이었다. 초등학교 교사인 엄마는 '눈이 보라 친다.'라는 표현은 올바른 표현이 아니라고 하였다. 하지만, 왜 올바른 표현이 아닌지에 대한 설명은 없었다. 아이의 이 표현을 가지고 엄마는 두고두고 아이를 놀렸다. 아이가 문법이나 어휘를 틀리게 말하는 것은 아이의 창의적인 언어 능력이 자라고 있다는 신호이다. 놀리면 안 된다.

우리 집에서는 아이가 물을 엎질러도 혼나지 않는다. 일부러 물을 낭비하기 위해 혹은 집안을 어지럽히려고, 혹은 동생이나 오빠, 다른 가족 구성원을 괴롭히려고 물을 엎지르지 않은 것이라면 물을 엎질러도 괜찮다. 단, 자기가 엎지른 것은 자기가 닦는다는 것이 원칙이다. 실수를 해도 괜찮다. 아이들의 행동이 자신을 해치거나 남을 해치거나 자원을 낭비하려고 한 것이 아니라면, 실수해도 괜찮다. 단 그 실수는 스스로 책임지도록 한다.

---

7) Gardner, H. (1993). Creative minds: NY: Basic boo

창의적인 아동으로 키우는 가정의 물리적 환경의 특성은 아이디어를 창안하는 데 필요한 자원이 풍부해야 한다는 것이다. 창의적인 가정은 다른 가정에 비해 다양한 종류의 주택에 거주하고 있었고, 특이한 수집품을 많이 가지고 있었으며 유머와 놀이를 많이 한다고 하였다. 성공적인 발명가들의 창의성과 가정환경과의 관계에 대한 연구에서는 한 사진작가는 집에는 아버지의 그림 수집품이 가득했다고 한다. 독일의 과학자이자 성공한 여성 실업가인 엘리자베스 노엘 뉴먼의 사무실은 아름다운 골동품들로 꾸며져 있다. 그녀의 집은 호숫가에 자리 잡고 있는데 그녀만의 특별한 물건으로 가득 차 있다. 꼭 위와 같은 방식으로 집안을 꾸민다고 해서 아동이 창의적으로 되는 것은 아니다. 그러나 만약 집안이 아동에게 의미 있는 물건들, 혹은 위안을 주는 물건들, 추억이나 꿈을 되새기게 하는 물건들로 가득 차 있다면 창의성의 가능성이 농후해질 것이다.

종합하여 보면 창의적인 가정환경의 물리적 측면은 다양한 수집품이나 소장품, 특이한 주거 형태 등이라고 할 수 있다. 구체적으로 가정에서 아이들과 함께 여행을 하면서, 혹은 주변에서 물건을 수집하는 것은 창의성을 기르는 데 중요한 경험이다. 여행지에서 기념품으로 종을 사서 모은다든지, 다양한 형태의 초를 사서 모으는 것도 가정에서 쉽게 할 수 있는 활동이다.

사이먼튼(Simonton, 1988)은 창의적인 사람들은 특히 지적 자극이 풍부한 가정환경에서 자랐다고 한다. 집에는 책이 많고, 다양한 잡지를 구독하며 가정에서 다양한 취미생활을 하였다고 한다.[8] 그러나 책이 단지 많이 있는 것이 중요하지 않다. 책의 형태나 진열방식도 중요하

8) Simonton. D. K. (1988). Age and outstanding achivement: what do we know after a century of reseach? psychological Bulletin, 104, pp. 251-267.

다. 어떤 가정에는 획일적인 전집 형태의 책이 가지런히 선반에 꽂혀 있는데 이것은 창의적인 가정환경이라고 보기 어렵다. 책이 서가에만 꽂혀 있기보다는 집안 구석구석에 책이 있어서 언제 어느 장소에서라도 책을 볼 수 있는 것이 좋다.

창의성에 영향을 미치는 환경의 영향에 관한 두 번째 관점은 많은 창의적인 인물들이 아동기에 질병이나 좌절, 어려움, 빈곤을 경험했거나[9] 한 부모 가정에서 자랐다고[10] 한다. 혹은 소외감도 창의성을 발현하는 데 필요한 요소였다. 물리학자인 하인즈 마이어 라이프니츠는 결핵으로 병상에서 요양하며 친구들과 떨어져 지내야 했다고 한다. 또 많은 창의적인 사람들이 어렸을 때 아버지가 사망했다. 특히 남성들이 그렇다. 이 사실을 가지고 사르트르는 '아버지가 아들에게 줄 수 있는 가장 큰 선물은 일찍 죽는 것'이라고 농담 삼아 이야기하기도 했다.

많은 창의적인 인물이 질병이나 빈곤, 소외 등의 어려운 환경에 처해 있었다는 창의성이 발현하는 환경에 관한 두 번째 관점은 수용적이고 지적 자극이 풍부한 환경이 창의성 발현에 효과적이라는 첫 번째 관점과 모순되는 것처럼 보인다. 이 모순점을 해결하기 위해 '평범한 창의성'과 '탁월한 창의성'에 대한 견해가 필요하다. 평범한 창의성이란 모든 사람에게 내재된 특질이라고 본다. 따라서 이 관점에서 창의성이란 보통 사람들이 가지는 창의성으로 일상적인 삶을 누리면서 그 삶을 더욱 풍요롭게 하려는 것이라고 볼 수 있다. 이러한 예를 함부르크 프로젝트에서 찾아볼 수 있다. 스와르츠코프(Schwarzkopf)[11]는 여성들

---

9) Mackinnon, D. W. (1970). Creativity: A multi-faceted phenomenon. In J. D. Roslansky(ed.), Creativity(pp. 19-32). Amsterdam: North Holland.

10) Albert, R. S. (1971). Cognitive development and parental loss among the gifted, the exceptionally gifted, and the creative. Psychological Reports, 29, pp. 14-26.

11) Schwarzkopf, D. (1981). Self development through creative handwork, Unpublished Master's thesis. University of Hamburg.

로 하여금 1년 동안 한 번씩 만나 바느질과 뜨개질, 그리고 이와 유사한 일을 하도록 했다. 프로젝트 담당자는 참여한 여성들로 하여금 널리 알려진 뜨개질 방법 외에 참신하고 색다른 방법도 시도해 보도록 격려하였다. 그 결과 연구 대상 여성들은 더 자신 있게 참신한 과제에 도전하게 되었고, 자신의 일을 더 즐기게 되었으며, 자신의 작품에 대한 비판을 기꺼이 받아들이게 되었다고 한다. 또 프로젝트가 끝나고 나서, 일상생활에서도 더 독립적이게 되었고 자발적으로 의사결정을 하려고 하게 되었다고 한다. 이는 창의성이 일상생활을 얼마나 그리고 어떻게 풍부하게 해 주는지를 보여주는 결과라고 볼 수 있다. 히어만(Heremann)의 연구[12]에서도 이와 유사한 결론을 얻을 수 있다. 그는 12세 이하의 아동에게 전통적인 축구 훈련이 아니라 전략과 전술에 관계없는 예상치 못한 움직임을 하도록 하였다. 이러한 훈련을 통해 잠재적 창의성을 계발해 냈고, 그 결과 전반기 리그에서는 모두 패했으나 후반기 리그에서는 챔피언이 되었으며 자신감과 불안 수준도 낮아졌다고 한다. 이처럼 평범한 수준의 창의성은 모든 아동에게 잠재되어 있으며, 이를 계발함으로써 아동의 삶은 풍요로워진다. 주변의 사람과 사물을 주의 깊게 관찰하고, 다양한 경험을 하며, 그 안에서 의미를 찾는 삶을 사는 데 필요한 평범한 창의성은 수용적이고 지적 자극이 풍부한 환경에서 발현된다.

'탁월한 창의성'에 대한 개념은 창의성을 발현하는 환경에 관한 두 번째 관점, 즉 많은 창의적인 인물이 빈곤이나 소외, 부모의 사망 등을 겪었다는 사실을 설명한다. 탁월한 창의성이란 탁월하고 창의적인 업적을 남김으로써 객관적으로도 창의적임을 인정받은 사람들의 창의성

---

12) Heremann, W. (1987). Effect of different styles for coaching football on motivation, Unpublished Master's thesis. University of Hamburg.

을 말한다. 삶에서 장애와 곤란을 겪은 사람 중에서 어떤 사람들은 자신이 겪은 슬픔과 실망, 불행 등을 극복하기 위해 창의적인 일에 전념할지도 모른다.

다시 말하면 인본주의 심리학자들의 창의적인 환경에 대한 견해는 평범한 창의성을 설명하고, 창의적인 인물들의 삶을 분석한 많은 연구가 주장하는 창의성을 발현하는 환경에 대한 관점은 탁월한 창의성을 설명한다고 본다.

나는 창의성을 발현시키는 환경에 관한 두 가지 관점 모두에서 배운다. 첫 번째 관점에서는 보통 수준인 내 아이 안에서 창의성의 싹을 발견하고 자라게 하려면 내가 무엇을 어떻게 해야 할 것인가를 배운다. 두 번째 관점에서는 내가 설사 원치 않게 내 아이에게 부족한 환경을 제공했다 하더라도, 그 때문에 아이가 반드시 불행해지거나 성취를 못하는 것은 아니라는 점을 배운다. 부적합한 환경이나 사건이 아동의 삶에 전적으로 영향을 주는 것은 아니다. 중요한 것은 아동이 그 환경을 어떻게 해석하고, 거기서 어떤 의미를 발견하는지, 어떻게 장애를 극복할 힘을 끌어내는지, 그리고 과거의 경험과 현재를 어떻게 연관시키는지가 더 중요하다.

많은 전래 동화에서도 주인공은 계모와 의붓 언니에게 구박을 당하거나(콩쥐팥쥐전, 장화홍련전), 엄마가 호랑이에게 잡아먹히거나(해와 달이 된 오누이), 엄마가 일찍 죽고, 하나 남은 아버지는 장님인데다 딸을 공양미 삼백 석에 팔아넘기기도 한다(심청전). 서양의 전래동화에서도 마찬가지이다. 엄마가 일찍 죽고 계모는 호시탐탐 주인공의 목숨을 노리거나(백설공주) 내쫓으려고 한다(헨젤과 그레텔). 대부분 전래동화는 주인공이 시련을 당하는 데서 출발한다. 심청이가 엄마가 죽지 않고, 엄마와 아빠 사이에서 잘 자랐다면 심청전은 없었을 것이다. 해와 달이 된 오누이에서 엄마가 호랑이에게 잡아먹히고, 호랑이가 남매마저 잡아먹으려고 집으로 찾아오지 않았다면 오누이는 해와 달이 되어 세상을 비추는 인물이 되지 못했을 것이다. 남부러울 것 없는 왕자로 태어났더라도 혹은 아름다운 공주로 태어났더라도 여하한 이유로 왕궁을 떠나거나 쫓겨난다.

그러면 아이들은 어떤가? 이러한 시련과 고난, 장애를 대면하려 할까? 그 대답을 다음과 같은 이야기에서 찾을 수 있다. 2살 반짜리 여자아이가 '빨간 모자' 이야기를 들었다. 늑대가 할머니를 잡아먹고 침대에 누워있는 장면을 그림책에서 본 아이는 무서워서 불안해하고 잠을 잘 자지 못했다. 엄마는 아이의 불안을 없애 주려고, 문제의 늑대가 나오는 장면에서 늑대를 가위로 오려내어 없애버리고서, 이제는 늑대는 없다고 했다. 얼마 후, 아이가 엄마와 산책하러 나가면서 이웃을 만났다. 그 이웃이 아이에게 어디 가느냐고 묻자 아이는 '늑대에게 가요.'라고 대답했다. 그동안 아이는 내면에서 늑대를 만날 용기를 얻은 것이다. 모든 아이는 자신의 고난과 장애를 대면할 용기를 가지고 있다. 부모가 할 일은 그 용기를 혹은 힘을 발휘하도록 도와주어야 한다(그 도움이란 꼭 무엇을 해야만 하는 것은 아니다. 아이를 그냥 내버려 두는 것도 아이를 도와주는 아주 중요한 방법이다).

중요한 것은 어떤 환경이냐가 아니라 아이가 '그 환경을 어떻게 맞닥뜨리는가?'이다. 탁월한 창의성을 발휘하고 위대한 업적을 남긴 사람들은 좋은 환경에서 자란 사람이 아니라 자신의 장애에 용기 있게 대면한 사람들이다. 부모가 아이에게 완벽한 환경을 마련해 줄 수 없다면 자신의 고난과 역경을 마주할 용기와 힘을 마련해 주어야 한다.

그러나 모든 아동이 탁월한 창의성을 발휘할 수는 없다. 이 책의 첫 장에서부터 지금까지 나는 모든 아동이 창의적인 잠재력이 있으며, 창의적인 삶을 사는 것은 누구라도 가능하며, 주변의 사람과 사물에 대해 호기심을 가지고 관찰하고 탐구하며, 해결책을 찾았을 때 기뻐하는 행복한 삶을 살려면 창의성이 필요하다고 주장해 왔다. 이러한 평범한 창의성을 가진 사람은 성공하지 못한다 하더라도 그 삶 자체가 보상될 것이다. 부모라면 자신의 아이가 이러한 삶을 살길 바랄 것이다. 나중에 탁월한 창의성을 발휘해서 역사에 발자취를 남기든 말든, 중요한 것은 부모로서 아이에게 심리적인 측면에서나 물리적인 측면에서 수용적이고 인지적 자극을 충분히 제공할 수 있는 가정환경을 마련해 주는 것이다.

2. 창의적인 유아로 키우는 자녀 양육

창의적인 아이로 키우려면 부모와 자녀가 친밀한 관계를 유지하되 독립적인 관계를 유지해야 한다. 밀러(Miller)와 제라드(Gerard)도 부모와 아동이 관계가 독립적인 관계여야 창의적인 아동으로 양육될 가능성이 크다고 하였다.[13] 마이클(Michel)과 듀덱(Dudek, 1991)[14]도 창의적인 8세 아동의 어머니들은 자녀와 정서적으로 덜 밀착되어 있고, 과보호하지 않으며, 아동에 대한 적대감을 숨기지 않는 경향이 있다고 하였다. 이러한 연구 결과들을 볼 때, 창의적인 부모들은 아동과 정서적으로 지나치게 밀착되어 있지 않고, 독립적으로 행동하도록 한다고 판단된다.

우리나라의 전래동화뿐만 아니라 서양의 전래동화에서 유난히 계모

13) Miller, B. C. & Gerard, D. (1979). Family influences on the development of creativity in children: An integrative review. Family Coordinator, 28, pp. 295-312.

14) Michel, M. & Dudek, S. Z. (1991). Mother-child relationships and creativity, Creativity Research Journal, 4, pp. 281-286.

가 많이 등장한다. 계모가 나오는 우리나라 전래동화로는 콩쥐팥쥐전이나 장화홍련전이 있고, 서양의 전래동화에는 신데렐라와 백설공주, 헨젤과 그레텔이 있다. 왜 이렇게 전래동화에는 계모가 많이 나오는 것일까? 전래동화에 나오는 계모는 아동의 심리적 독립과 관계되어 있다. 이전에는 오줌을 싸거나 똥을 싸도, 어떤 짓을 해도 받아주던 어머니가 훈육을 시작하면서 아무 데나 똥이나 오줌을 싸면 혼내기 시작한다. 어머니가 아동에게 배변 훈련 및 사회적으로 습득해야 하는 규범과 도덕을 가르치기 위한 훈육을 시작할 때, 아동은 이전에 알던 자신의 어머니가 지금 나한테 화를 내는 이 사람인지 의심스럽다. 이러한 의심은 어머니의 존재를 계모와 친모로 분리시킴으로써 해결하는 것이다. 계모는 지금까지 나에게 애정과 사랑을 베풀다가 갑자기 여러 가지 사회적 규범과 일상생활의 훈련을 가르치고자 험악해진 친엄마의 또 다른 모습이다. 계모 이야기를 들으면서 아동은 아무런 죄의식 없이 계모에 대해서 마음껏 분노할 수 있다. 왜냐하면, 친부모에게는 화를 내거나 경멸할 수 없기 때문이다.[15] 아동이 좀 더 자라서 이 모순된 정서와 어머니에 대한 양가적인 감정을 통합할 수 있을 때 아동은 더는 계모이야기를 즐기지 않게 된다. 즉 아동이 어머니로부터 심리적인 독립을 이루어나가는 과정이 계모이야기에 담겨 있다. 또한, 그러한 독립은 창의적인 아동으로 자라는데 필수적인 요소이기도 하다.

아동 대부분이 쉽게 부모에게서 떨어져 나가는 것은 아니다. 안락하고 평안한 부모의 품을 떠나기 싫어하고 두려워한다. 이러한 아동의 불안을 심리학적 용어로 분리불안이라고 한다. 아동은 어머니로부터 독립하고 싶어 하는 욕구와 어머니와 떨어지기 두려워하는 분리 불안을

---

15) Bettelheim, B. (1976). *The Uses of Enchantment: The Meaning and Importance of Fairy Tales.* New York: Knopf.

동시에 지니고 있다. 이 두 욕구는 상반된 것으로 아동에게 심각한 심리적 갈등을 가져온다.

딸 아이가 다섯 살이었을 즈음에, 언니라고 불러줄 여자 동생도 없으면서 자기를 '작은 언니'라고 불러달라고 했다. 나는 엄마로부터 독립한 '언니'도 되고 싶고, 엄마에게 아직 아기처럼 안기고 업히고 싶은 갈등상황에서 '작은 언니'로 자신을 자리매김한 내 아이가 분리불안을 이기고 엄마로부터 독립하여 성장하도록 잠자리에서 '해와 달이 된 오누이'를 들려주었다. 내가 어렸을 때 들었던 것처럼 엄마가 떡을 다 호랑이에게 빼앗기고, 팔다리마저 떼어주고 떼굴떼굴 몸통으로 굴러오는 내용을 고스란히 들려주었다. 그 이야기의 이면에는 '엄마는 너에게 죽을힘을 다해서 가고자 했어.'라는 메시지가 숨어 있었다(어쩔 수 없이 호랑이에게 잡혀 먹혔지만…. 하지만, 세상엔 어쩔 수 없는 것이 얼마나 많은가?). 그리고 누이가 호랑이에게 속기도 하고 실패도 하지만 마침내는 하늘로 올라가 처음엔 달이 되었다가 다시 해가 되어서 온 세상 사람을 비추고 있다는 것도 빠뜨리지 않았다. 왜냐하면, 나는 내 딸 아이가 엄마로부터 독립하여 고난을 겪고 나서 세상을 비추는 사람이 되길 바라기 때문이었다.

엄마로서 제일 두려운 꿈은 아이가 죽는 꿈이다. 아이로서 제일 무서운 꿈은 엄마가 죽는 꿈이다. 아이의 꿈에서 엄마가 죽는 것은 아이가 엄마로부터 심리적으로 독립했다는 뜻이다. 아동의 심리적인 독립으로 말미암아 엄마가 죽는 이야기는 바로 '청개구리 이야기'이다. 청개구리 이야기는 "싫어", "안 해"를 연발하는, 부모로부터 독립하고자 하는 자율성 획득 시기에 관한 전래 동화이다. 아이가 '싫어', '안 해', '내 것이야.'를 입에 달고 살며, 엄마가 입에 넣어준 음식을 다시 뱉고 스스로 서투른 숟가락질을 하며 먹기 시작할 때, 아이의 심리적 독립은 시작된다. 아이가 엄마로부터 심리적으로 독립하고 다음의 발달 단계로 나아갔을 때 아이의 내면에서 엄마는 죽은 것이다. 청개구리 이야기에서 어머니가 사망했듯이 아동은 심리적으로 어머니를 죽여야 아동은 자율감과 독립심을 획득할 수 있다. 그것은 아동이 창의적이 되는데 거쳐야 하는 길이다.

아이가 입학하면 '차라리 내가 학교에 가서 앉아 있는 게 낫겠다.'라고 한숨 쉬는 엄마들이 있다. 이보다 좀 나은 엄마들은 뒤도 돌아보지 않고 학교에 가는 아이를 보며 눈물짓는 엄마들이다. 사실은 나도 그랬다. 가끔 보면 아이가 엄마로부터 심리적으로 독립하는 것보다 엄마가 아이를 독립시키는 것이 더 힘들어 보인다. 아이를 창의적으로 키우려면 엄마가 먼저 아이를 독립시켜야 한다. 아이의 영역을 인정해주고, 아이의 비밀을 굳이 알려고 하지 말아야 한다. 한번은 아들아이에게 학교에서 있었던 일을 물어보았다. 건성으로 대답하던 아이가 '더 묻지 마. 말하기 싫어.'라고 말하곤 입을 다물어 버렸다. 시시콜콜히 묻는 엄마에게 대답하기 싫어하는 그때가 올 때, 아이의 창의성은 자라기 시작한다.

아이는 빈둥거릴 시간이 필요하다. 많은 전래동화에서 게으름뱅이 이야기가 나온다. '줄줄이 꿴 호랑이[16]'나 '보리밥 장군' 같은 이야기에는 아무것도 안 하고 밥만 축내면서 뒹굴 거리는 주인공이 나온다. 줄줄이 꿴 호랑이에는 어찌나 게으른지 아랫목에서 밥 먹고 윗목에서 똥 싸고, 아랫목에서 밥 먹고 윗목에서 똥 싸고, 일이라고는 아무것도 하지 않는 게으름뱅이가 나온다. 이런 게으름뱅이를 견디다 못한 어머니가 "다른 집 애들은 땅도 파고 나무도 해 오는데, 너는 아랫목에서 밥 먹고 윗목에서 똥 싸고 아랫목에서 밥 먹고 윗목에서 똥만 싸고 있느냐?"라고 다그치자 게으름뱅이의 창의적인 작업이 시작된다. 이처럼

16) 권문희(2005). 줄줄이 꿴 호랑이. 서울: 사계절.

창의적인 일을 하려면 빈둥거리는 시간이 필요하다.

세계적인 혁신 기업 중의 하나인 3M에는 '15% 룰'이 있다고 한다. 이는 업무시간의 15%를 딴 짓을 하며 보내는 것이다. 이 시간에는 책을 읽어도 좋고, 쇼핑을 해도 좋고, 심지어는 잠을 자도 된다고 한다. 바로 창의력을 위해서 '빈둥거림'을 허용하는 것이다. 뛰어난 그림책 작가인 존 버닝햄도 자신의 유년기와 관련해서 '많은 시간을 미술실에서 빈둥거리면서 보냈다. 자유로운 어린 시절을 보냈다는 것은 그림책을 만들 수 있는 최고의 바탕이다.'라고 했다. 요즘 아이들은 부모가 세워 놓은 계획표에 따라 시간을 쪼개어 다니다 보면 스스로 행동할 수도, 생각할 수 있는 시간이 없다. 이러다 보면 뭔가를 스스로 계획을 세우고 결정할 수 있는 능력이 발달하지 않는다. 중학생인 아들아이가 수학여행을 갔다 와서 하는 말이 어떤 친구가 수학여행을 가서 기념품을 뭘 사야 할지 몰라 자기가 사는 걸 모두 따라 샀다고 했다. 미국에선 이런 아이를 'copy cat'이라고 한다. 이런 'copy cat'에게서 창의성을 기대할 수 있겠는가? 창의적인 아이로 키우려면 아이에게 현재 시각을 어떻게 보내야 하는지 생각하게 하고 부모와 함께 상의하여 어떻게 활용해야 하는지 잘 생각하여 보도록 할 기회를 주어야 한다. 아이 혼자서 빈둥거리고, 쓸데없어 보이는 공상을 할 시간을 주어야 한다.

그러나 뭔가를 늘 계획하고, 약속이나 해야 할 일로 꽉 찬 수첩이나 계획표를 선호하는 부모들이 아이의 빈둥거림을 참는 것은 자신의 타고난 기질을 거스르는 일이므로 절대 쉽지 않다. 나는 아들 둘과 엄마 아빠의 시간표가 30분 단위로 계획되어 색색의 형광펜으로 관리되는 표가 냉장고에 붙어 있는 집을 알고 있다. 이렇게 사는 삶의 장점도 분명히 있지만 이런 꽉 짜인 시간표는 창의성과는 거리가 멀다. 더욱이 자녀가 부모와 반대의 성향이 있다면 부모 자녀 사이에 갈등이 생길 수도 있다.

꽉 찬 시간표를 선호하는 부모들은 아이들의 시간표를 관리하는 태도에서 벗어나 그때그때 상황에 맞춰 계획표를 변경하는 자세가 필요하다. 아이들에게도 "시간이 없는데 왜 숙제를 안 하고 있니?"라고 말하기보다는 "숙제는 언제 하려고 하니?"라고 물어보는 것이 더 좋다. 아이가 설사 그 시간에 해야 한다고 생각되는 일을 하지 않고 있더라도 아이를 내버려 두는 인내가 필요하다. 설사 아이가 숙제를 못 해가서 선생님한테 혼나거나 불이익을 받는다 하더라도 그것은 아이의 일이므로 아이 혼자서 감당하도록 내버려 두는 것도 필요하다. 어떤 중학생 엄마는 아들이 자는 데 숙제가 있다는 반장의 문자메시지를 발견했다. 아이가 숙제를 꼭 해 가야 수행평가 점수를 잘 받을 수 있다고 생각한 엄마는 숙제를 초벌로 미리 해 놓고, 평소보다 한 시간 일찍 아이를 깨웠다. 아이는 숙제가 있었고, 그 숙제를 엄마가 미리 해 놓았다는 이야기를 듣고 안 해가도 된다고 짜증을 부렸다. 엄마가 아이를 달래고 달래서 엄마가 미리 써 놓은 것을 다시 옮겨 적어 학교에 가도록 했다. 이렇게 하면 얻는 것은 몇 점 안 되는 수행평가 점수이고 잃는 것은 아이의 독립심과 창의성이다.

아이가 숙제를 안 해가거나 시험공부를 안 해서 불이익을 받더라도 아이는 자신의 경험으로부터 스스로 교훈을 얻어야 한다. 아이가 명백하게 나쁜 길로 간다고 판단될 때에는 강력하게 제재할 필요가 있지만, 그렇지 않으면 아이 스스로 행동을 계획하고 문제 해결 방법을 스스로 찾을 수 있도록 독립적인 시간을 제공해야 한다.

성차별은 창의성을 억압한다. 가정에서 부모가 자녀의 성에 따라 전형적인 성역할을 강조하는 것은 창의성이 억압될 수 있다. 성역할은 크게 여성성, 남성성, 양성성, 미분화된 성 역할 특성으로 나누어 볼 수 있다. 나이가 어릴 때는 여성적인 특성이나 남성적인 특성을 모두 약하게 가지는데 이를 미분화된 성역할 단계라고 본다. 그리고 자신의 타고난 기질이나 가정환경, 사회적 압력에 따라 자신의 성 역할을 획득해 나간다. 사회적으로 여성에게 기대되는 성역할 특성을 더 많이 획득했다면 여성성이 높다고 하고, 남성에게 기대되는 성 역할을 더 많이 획득했다면 남성성이 높다고 한다. 양성성은 여성적인 특성과 남성적인 특성을 모두 획득한 상태를 말한다. 양성적인 사람은 공격적인 동시에 보호적이고, 감성적인 동시에 이성적이고, 지배적인 동시에 복종적이다. 이처럼 서로 양립 불가능한 것처럼 보이는 두 가지 성향을 모두 지니는 것이 창의적인 사람의 특성이다.

창의성은 남성성과 여성성의 두 가지 성향을 모두 가지는 양성성이 높은 경우에 잘 표현될 수 있다. 창의적인 소녀들은 다른 소녀들보다 좀 더 지배적이고 강인한 남성적인 특성을 지니고 있으며, 창의적인 소년들은 다른 소년들보다 좀 더 감성적이고 덜 공격적인 것으로 나타난다고 한다.

가정에서 아들과 딸을 차별하지 않고, 아들이라고 하여 감정의 표현하는 것을 억압하거나, 딸이라고 어떤 행동을 못하게 하는 것은 창의성의 발달에 바람직하지 않다. 전래동화를 들려 줄 때도 이러한 성차별적 요소를 걸러내고 들려주는 것이 필요하다. 예를 들어 나는 해와 달이 된 오누이를 들려줄 때, 오누이가 하늘로 올라가서 누이는 달이 되고 오빠는 해가 되었다가 누이가 밤에 다니는 것이 무서워서 오빠에게 부탁하여서 해가 되었다는 구절을 빼고 들려준다. 또 누이가 사람들이 쳐다보는 것을 부끄러워하여 사람들이 못 쳐다보게 하려고 해를 쳐다보면 눈이 부시다는 것은 일부러 뺀다. 여자는 수줍어해야 하는 거로 생각할까 봐서이다.

우리나라 전래동화에는 셋째 딸로 태어나거나 막내딸로 태어나서, 부모에게 버림받는 여자 주인공이 많다. 많은 전래동화가 남녀 차별이 심했던 조선시대로 내려오면서 여성적인 요소는 낮고 천하게 표현하고 남성적인 인물을 높게 평가하게 되었기 때문이다. 그러나 천지를 창조한 마고 할미에 관한 신화나 산신 할미나 저승 할망에 관한 이야기에서 볼 때 우리나라 전래동화의 원형은 인간의 양성성을 강조하는 이야기이다. 예를 들어 태어나자마자 딸이라는 이유로 버림받은 바리데기가 아버지를 죽음으로부터 구해내기 위해 무간 지옥을 마다하지 않고 길을 떠난다. 그리고 많은 고난을 겪으면서 아버지를 살릴 생명수를 구해 온다. 바리데기가 생명수를 구해 오고자 발휘하는 여러 가지 능력들은 남성적인 능력과 여성적인 능력이 골고루 섞여 있다. 예를 들어 무거운 무쇠 신을 신고, 무쇠 지팡이를 신고 길을 떠나는 것은 남성적인 요소에 가깝다. 반면 무장승과 결혼하여 바다를 건너가다가 죽은 사람들을 위해 기도하는 것은 사람들을 돌보고 키우는 여성적인 요소이다. 즉 인간을 구원하는 것은 여성성도 아니고 남성성도 아닌 양성성이라는 것을 이 설화를 통해서 알 수 있다. 이는 창의성을 구현하는 데서도 마찬가지이다.

위에서 창의적인 아이로 키우려면 자녀를 심리적으로 독립시켜야 하며, 빈둥거릴 시간을 주어야 하고, 남녀 차별을 하지 않아야 한다고 하였다. 아래에 제시한 것은 아마바일(Amabile)의 창의성을 격려하는 가정환경 척도이다. 아래의 척도를 보고 하나하나 점검하면서 자신의 양육이 창의성을 기르는데 적합한지 아닌지를 체크해 볼 수 있다. 2번 문항과 같이 어떤 일을 하려고 여러 가지 중에서 하나를 선택하도록 하는 것은 창의성을 키우는 양육방법일 뿐만 아니라 책임감과 긍정적인 자아개념을 형성하는 방법이기도 하다.

아동은 4살만 되어도 자기가 입고 싶어 하는 옷이 있다. 그래서 엄마가 입히고 싶어 하는 옷과 아동이 입고 싶어 하는 옷이 달라서 실랑이 하는 경우가 종종 있다. 이럴 때 엄마는 이 옷을 입으라고 강요하지 말고, 윗옷과 아래옷을 각각 3, 4벌 정도 골라 주고 이 중에서 원하는 대로 골라 입으라고 한다면 옷을 통해 자신을 표현하고자 하는 아동의 욕구도 충족시켜 줄 수 있고, 아동을 예쁘게 입히고 싶어 하는 엄마의 욕구도 충족시킬 수 있다. 아동에게 음료를 권할 때도 두 종류 이상의 음료 중에서 하나를 선택하도록 하는 것도 좋은 방법이다. 얼마 전 방학 중에 실시하는 영어 캠프의 홈페이지 게시판에 실린 글을 보았다. 엄마가 캠프에 가 있는 아동에게 오늘은 어떤 옷을 입으라고 하는 내용이었다. 엄마에게서 떨어져 있는 캠프에서조차도 아동의 옷을 지정해 주면서 아동이 창의적이길 바랄 수는 없다.

❖ 아미바일의 창의적인 가정환경에 대한 지표

각 문항에 대해서 '그렇다'와 '아니다'로 나누어 응답한다.

1. 집에서 어떤 질문을 해도 바보취급을 받지 않는다.
2. 어떤 일을 하려고 여러 가지를 선택할 수 있다.
3. 대부분은 뭔가를 잘 해내면 어떤 이점이 있을지 알고 있다.
4. 우리 집에서는 지켜야 할 것들이 많다.
5. 나의 부모님은 대부분 상황에서 내 생각이 어떤지 물어보신다.
6. 우리 집에는 변화가 별로 없다.
7. 무엇인가 새로 시작할 때에는 부모님의 허락을 받아야 한다.
8. 나의 부모님께서는 내가 어떤 말을 해야 하는가에 대해 관심이 많으시다.
9. 우리 집에서 가장 중요하게 여기는 것은 최고가 되는 것이다.
10. 나의 부모님께서는 내가 창의적인 사람이 되도록 격려해 주신다.
11. 나의 부모님께서는 내가 어떻게 행동해야 할지를 말씀해 주신다.
12. 나의 부모님께서는 내가 무엇을 어떻게 하는지에 관심이 있으시다.
13. 나의 부모님께서는 내가 스스로 이해하도록 격려해 주신다.
14. 집에서는 경쟁할 것이 많다.
15. 나는 집에서 내가 하려는 것에 대해 발언권을 많이 갖는다.
16. 나는 대부분 규칙에 대해서 그 지켜야 하는 이유를 알고 있다.
17. 나는 내가 하는 일을 누구의 간섭도 받지 않고 혼자 할 수 있다.
18. 중요한 결정을 할 때에는 내 의견이 반영된다.
19. 나의 부모님께서는 뭔가 시키고 싶으실 때 내가 좋아하는 선물을 주신다.
20. 나의 부모님께서는 창의적으로 일하려고 하신다.
21. 우리 집에서는 실수하면 벌을 받는다.
22. 나의 부모님께서는 무엇이든지 즐겁게 하신다.
23. 나의 부모님께서는 나에 대해 조바심내지 않는다.
24. 우리 집에서는 조용히 해야 한다.
25. 나의 부모님은 내가 새로운 방법을 생각해 내도록 격려해 주신다.
26. 집에서는 일하는 것이 재미있다.
27. 내가 하는 일들은 대부분 나의 부모님을 기쁘게 하려는 것이다.
28. 우리 집에는 재미있는 분들이 많이 오신다.
29. 나의 부모님께서는 나를 부끄럽게 여기신다.

30. 나의 부모님께서는 내가 질문을 많이 하는 것을 좋아하신다.
31. 나는 일을 잘해야 한다는 부담감이 크다.
32. 우리 집에서 가장 중요한 규칙은 집이 깨끗해야 한다는 것이다.
33. 나는 우리 집에서 자유롭게 행동할 수 있다.
34. 나의 부모님께서는 나를 아주 좋아하신다.
35. 나의 부모님께서는 내가 성격이 좋아야 한다고 하신다.
36. 우리 집에는 농담과 웃음이 끊이지 않는다.
37. 나의 부모님께서는 나를 존중하신다.
38. 나는 내가 느끼는 대로 부모님께 말씀드려도 된다.
39. 나의 부모님께서는 내가 무엇에 흥미를 느끼는지 알고 싶어 하신다.
40. 나의 부모님께서는 항상 새로운 것을 시도하신다.
41. 나의 부모님은 언제나 옳다.
42. 우리 집에는 재미있는 것이 많다.
43. 나의 부모님께서는 내가 어떻게 행동해야 할지 세세히 계획해 두신다.
44. 우리 집에서 나는 내가 특별한 사람이라고 생각한다.
45. 나의 부모님께서는 항상 새로운 활동을 제한하신다.
46. 나는 '나 자신의 일'을 자유로이 할 수 있다.
47. 나는 맛있는 간식이나 돈을 받으려고 집안일을 한다.
48. 나의 부모님께서는 혼자 놀 때나 친구들과 함께 놀 때 상상력을 활용하라고 격려하신다.
49. 나는 집에서 비판을 많이 받는다.
50. 나의 부모님께서는 나와 함께 시간을 보내는 것을 좋아하신다.

'예'라고 응답했을 때 점수가 가산되는 문항

1, 2, 5, 8, 10, 13, 15, 16, 17, 18, 20, 22, 23, 25, 26, 28, 30, 33, 34, 36, 37, 38, 39, 40, 42, 44, 45, 46, 48, 50

'아니오'라고 응답했을 때 점수가 가산되는 문항

3, 4, 6, 7, 9, 11, 12, 14, 19, 21, 24, 27, 29, 31, 32, 35, 41, 43, 47, 49

위의 척도를 하나하나 점검해 보면서 창의적인 아동으로 키우는 가정환경이나 자녀 양육에 대한 대략적인 이해가 가능할 것이다.

반대로 창의성의 발현을 억압하는 자녀 양육은 자녀를 통제하고 비판하는 것이다. 또한, 아동이 부모가 원하는 일을 할 때마다 물건이나 음식, 혹은 돈으로 보상해 주는 것도 바람직한 것은 아니다. 토랜스(Torrance)도 호기심을 제한하고, 두려움과 소심함을 불러일으키고, 성공을 지나치게 강조하고, 아이디어를 창안하는 데 필요한 자원이 부족한 환경에서는 창의적 사고가 발달하기 어렵다고 했다.17)

17) Torrance, E. F(1965). Rewarding creative behaviour: Experiments in classroom creativity. Englewood Cliffs, NJ: Prentice-Hall.

6 유아와 함께하는 창의성 활동

1. 유아와 함께하는 민감성 활동

✤ 활동 1 소리 듣고 차 종류 맞히기

◇활동목표 : 소리를 듣고 자동차의 종류를 변별할 수 있다.
◇활동자료 : 다양한 종류의 자동차
◇활동방법

1. 창밖에서 나는 소리에 귀 기울인다.
–밖에서 어떠한 소리가 들리는지 한번 들어볼까요?

2. 지나가는 자동차 소리에 귀 기울인다.
–자동차가 지나갈 때마다 소리가 어떻게 들리나요?
–자동차의 종류에 따라 소리가 어떻게 들리나요?

3. 소리를 듣고 자동차의 종류를 맞춰본다.
–방금 소리를 내며 지나간 차의 종류는 무엇일까요?

4. 자동차 소리의 특징 및 활동 느낌을 이야기해본다.
–특별한 자동차(소방차, 경찰차, 구급차 등)의 소리는 어떻게 다른가요?
–활동 후 기분이 어땠나요?

◇확장활동
–지역기관(소방서, 경찰서, 병원 등)으로 견학을 다녀온다.
–지역기관에 대한 수업 후 역할 놀이 또는 동극을 해본다.
–미술 활동으로 자동차 만들기를 해본다.

◇TIP
–자동차 소리를 녹음해서 사용한다면 공간의 제약을 덜 받는다.

✤ 활동 2 장님 놀이

◇활동목표 : 눈을 가린 후 청각에 의존해 방향과 거리를 생각하며 소리 내는 사람을 찾을 수 있다.

◇활동자료 : 눈가리개

◇활동방법

1. 장님놀이에 대해 이야기를 나눈다.
-장님놀이를 할 때에는 무엇이 필요할까요?
-장님놀이를 할 때 조심해야 할 것은 무엇일까요?

2. 지면에 선을 그어 도망갈 수 있는 범위를 정한다.

3. 가위바위보 등을 통해 술래를 정하고 눈을 가린다.

4. 다른 사람은 손뼉이나 소리로 술래를 유인하고, 술래는 소리를 듣고 가서 잡는다.

5. 정해진 선을 넘거나, 술래에게 잡힌 사람이 술래가 되어 놀이를 계속한다.

6. 활동을 마친 후 느낌을 이야기해 본다.
-눈을 가리고 소리로만 다른 사람을 찾아보니 어떤 기분이었나요?
-다른 사람을 잡았을 때는 기분이 어땠나요?
-손뼉을 치며 술래를 피하는 기분은 어땠나요?

◇확장활동

–다양한 미술도구를 이용해 눈가리개를 직접 만들어 본다.

–눈을 가린 채 다른 사람의 도움을 받아 접시에 있는 사탕을 먹고 돌아오는 게임을 해 본다.

◇TIP

–구성원이 5명 이상이 될 때 여러 방향에서 들려오는 소리가 다양해 민감하게 반응하게 되고, 활동도 훨씬 재미있게 할 수 있다.

–박수소리 이외에 악기(탬버린, 캐스터네츠 등) 소리를 듣고 소리 내는 사람을 찾을 수도 있다.

✤ 활동 3 계이름 맞히기

◇활동목표 : 피아노 건반의 소리가 다르고 각각의 소리마다 이름이 있음을 알며, 소리와 계이름을 연결할 수 있다.

◇활동자료 : 피아노

◇활동방법

1. 피아노를 관찰시키고 그에 대한 이야기를 나눈다.
-피아노를 살펴볼까요? 무엇이 보이나요?

2. 피아노 건반 각각의 소리가 다름을 알아본다.
-건반 하나하나를 눌러보니 소리가 어떻게 들리나요?

3. 피아노 소리마다 음이름(계이름)이 있음을 이야기한다.

4. 건반을 누를 때 나는 소리를 주의 깊게 듣고 계이름을 맞혀본다.
-(건반을 누르며) 이 소리의 이름은 무엇일까요?

5. 반복활동 후 느낌을 이야기해 본다.
-각 건반의 소리를 들어보니 어땠나요?

◇확장활동

-기분을 피아노 소리로 표현해 본다. (예-기분이 안 좋을 때는 피아노 건반 왼쪽의 저음으로, 기분이 좋을 때는 피아노 건반의 오른쪽 고음으로 표현)

-피아노 음악에 맞춰 몸으로 소리를 표현해 본다. (예-빠르게, 느리게)

-건반을 누를 때마다 나는 소리에 가사를 붙여 본다.

-건반 만들기 미술 활동을 해본다.

◇TIP

-처음부터 소리의 이름을 연결하는 것에는 무리가 있으므로, 피아노와 피아노 소리를 충분히 경험해야 한다.

✤ 활동 4 방안에서 나는 소리 표현하기

◇활동목표 : 주변 소리를 귀 기울여 들어보고, 들리는 소리를 다양한 방법으로 표현해 볼 수 있다.

◇활동자료 : 눈가리개, 시계, 문, 의자, 장난감 등 방안의 여러 가지 물건

◇활동방법

1. 방안을 둘러보며 이야기를 나눈다.
－방안에는 무엇이 있나요?

2. 소리 내는 것을 찾아본다.
－눈을 감고 방안에서 어떠한 소리가 들리는지 귀 기울여 볼까요?
－방안에서 소리를 내는 것은 무엇이 있나요?

3. 소리를 다양한 방법으로 표현해 본다.
－○○의 소리를 말로 표현해 볼까요?
－○○의 소리를 몸으로 표현해 볼까요?

4. 소리를 표현해 본 느낌을 이야기한다.
－소리를 다양한 방법으로 표현해 보니 어떤 기분이었나요?

✤ 활동 5 어떤 재료가 들어갔을까요?

◇활동목표 : 음식의 맛을 본 후 재료 고유의 맛을 구분하여 그에 들어간 재료가 무엇인지 찾아낼 수 있다.

◇활동자료 : 여러 가지 재료가 들어간 음식

◇활동방법

1. 앞에 놓인 음식에 대한 이야기를 나눈다.
–앞에 놓인 음식은 무엇일까요?
–음식에서는 어떠한 냄새가 나나요?
–음식을 먹으면 무슨 맛이 날까요?

2. 맛을 본 후 음식에 들어간 재료를 맞혀본다.
–음식의 맛이 어떤가요?
–음식에서는 어떤 재료들의 맛이 나나요?
–음식 속에는 어떤 재료가 들어갔을까요?

3. 음식에 들어간 재료를 확인하고 느낌을 이야기한다.
–음식에 어떠한 재료가 들어갔는지 확인해 볼까요?
–음식에 어떠한 재료가 들어갔는지 맞히는 활동을 해보니 기분이 어땠나요?

◇확장활동

–나이에 따라 영양소에 대해 이야기를 해 본다.

–요리활동이나 시장놀이를 해 본다.

–시장, 마트 견학을 해 본다.

◇TIP

–재료 각각의 맛을 먼저 본 후 음식을 만들어 숨겨진 재료를 찾으면 변별이 쉬워져 아이들이 부담감을 덜 느끼고 더 재미있어한다.

✤ 활동 6 초콜릿 순서대로 놓아보기

◇활동목표 : 초콜릿을 먹고 나서 단맛의 정도에 따라 순서대로 놓아 볼 수 있다.

◇활동자료 : 단맛의 정도가 다른 여러 가지 초콜릿

◇활동방법

1. 앞에 놓여 있는 초콜릿을 관찰한다.
–무엇이 보이나요?

2. 각각의 초콜릿 맛을 본다.
–맛이 어떤가요?
–맛이 어떻게 다른가요?

3. 단 초콜릿과 덜 단 초콜릿을 순서대로 놓아본다.
–느껴지는 맛이 아주 단 초콜릿부터 순서대로 놓아볼까요?

4. 활동 후 느낌을 이야기한다.
–맛이 다른 순서대로 놓아보는 활동을 해 보니 기분이 어땠나요?

◇ 확장활동

–과자 집 만들기를 해 본다.

–단맛이 다른 초콜릿을 선물한다면 아주 단 것과 덜 단 초콜릿을 누구에게 줄 것인지 생각하고 그 이유를 발표해 본다.

◇ TIP

–활동 후 양치지도를 한다.

✤ 활동 7 신 음식 순서대로 놓아보기

◇활동목표 : 음식을 먹고 나서 신맛의 정도에 따라 순서대로 놓아 볼 수 있다.

◇활동자료 : 신맛의 정도가 다른 음식들

◇활동방법

1. 놓여 있는 음식을 관찰한다.
–앞에 무엇이 보이나요?

2. 음식의 맛을 본다.
–맛이 어떤가요?
–맛이 어떻게 다른가요?

3. 신 음식과 덜 신 음식을 순서대로 놓아본다.
–느껴지는 맛이 아주 신 음식부터 순서대로 놓아볼까요?

4. 활동 후 느낌을 이야기한다.

◇ 확장활동

–맛을 몸으로 표현하기를 해 본다.

–다양한 교재 · 교구를 이용해 순서대로 놓아보는 활동을 해본다. (교구의 크기 · 무게, 아이들의 키 등)

◇ TIP

–신맛이 강하면 아이들이 거부감을 가질 수 있고 아주 신 음식을 맛보고 나서 덜 신 음식을 먹으면 신맛을 잘 느끼지 못할 수도 있다.

✤ 활동 8 두 그림의 차이 찾기

◇활동목표 : 두 장의 그림을 자세히 관찰하고 나서 무엇이 다른지 찾아보고 발표할 수 있다.

◇활동자료 : 두 장의 다른 그림

◇활동방법

1. 놓여 있는 그림을 자세히 관찰한다.

−무엇이 보이나요?

−그림 속에는 어떤 것들이 있나요?

2. 두 그림의 차이점을 찾아본다.

−앞에 놓여 있는 2장의 그림이 어떠한가요?

3. 왜 다른지 이야기해 본다.

−다른 점이 있다면 무엇이 다른가요?(두 장의 그림이 서로 다른 부분을 설명해 본다.)

◇확장활동

–숨은 그림 찾기, 여러 도형 중 같은(또는 다른) 그림 찾기 등의 활동지를 해본다.

–흉내 내기 또는 청기 백기 게임을 해본다.

◇TIP

–처음에는 단순한 도형으로 시작해서 점차 복잡한 그림으로 진행한다.

✤ 활동 9 숨은 그림 찾기

◇활동목표 : 그림을 자세히 관찰하고 나서 그 속에 숨어 있는 것을 찾아낼 수 있다.

◇활동자료 : 숨은 그림 활동지, 색연필

◇활동방법

1. 그림을 충분히 관찰하고 나서 이야기 나눈다.
-그림 속에는 무엇이 보이나요?

2. 그림 속에 숨겨진 것이 있음을 알려준다.
-우리가 찾아야 할 것들은 ○○, ◇◇◇,……. 이에요.

3. 숨어 있는 것을 찾아본다.
-(엄마와 함께할 경우) 찾은 것을 자기만의 색으로 표시한다.
-누가 더 많이 찾았는지 세어본다.

4. 활동 후 느낌을 이야기해 본다.
-숨은 그림 찾기가 어땠나요? (쉬웠나요? 어려웠나요?)
-숨은 그림을 빨리 찾기, 더 많이 찾기 위한 나만의 방법이 있나요?

◇확장활동
-전래놀이(술래잡기, 꼭꼭 숨어라)를 해 본다.
-숨은 그림 찾기를 직접 만들어 본다.

◇TIP
-혼자 찾아볼 수도 있고, 엄마와 함께 활동할 수 있다.
-나이나 발달수준에 따라 숨어 있는 것이 무엇인지 알려주지 않을 수도 있다.

✤ 활동 10 지나가는 풍경 묘사하기

◇ 활동목표 : 보이는 풍경을 관찰하고 나서, 구체적으로 이야기할 수 있다.

◇ 활동자료 : 눈에 보이는 모든 풍경

◇ 활동방법

1. 창밖(또는 지나가는 풍경)을 관찰하고 이야기 나눈다.
−밖에 무엇이 보이나요?

2. 보이는 풍경에 대해 자세히 이야기한다.
−보이는 색깔, 모양을 이야기해 볼까요?
−움직이는 모습을 이야기해 볼까요?

3. 지나가는 풍경에 대해 이야기해 본 기분을 표현해 본다.
−보았던 것을 말로 표현해 보니 기분이 어땠나요?

◇ 확장활동

−풍경을 그림으로 표현해 본다. 그 속에 사는(또는 노는) 다양한 친구들을

콜라주해서 붙이고 이유를 설명해 본다.

–내방, 우리 집, 가족 모습을 묘사해 볼 수 있다.

–그림을 짧은 시간 동안 보여주고 생각나는 것을 표현하거나 그려본다.

–보았던 것을 기억해 지도 만들기를 해 본다.

◇TIP

–풍경이 인공적이기보다는 자연환경이거나, 교육적 가치가 높은 곳을 선택하는 것이 좋다.

✤ 활동 11 미로 찾기

◇ 활동목표 : 미로그림을 자세히 관찰하고 나서 시작점에서 도착점까지 가는 길을 찾을 수 있다.

◇ 활동자료 : 미로그림, 색연필 또는 연필, 지우개

◇ 활동방법

1. 미로그림을 살펴보며 이야기를 나눈다.
–무엇이 보이나요?
–그림 속에 보이는 출발점에서 도착점까지 길을 찾아가야 한다고 설명한다.

2. 미로 찾기를 해 본다.
–출발점과 도착점을 살펴본다.
–출발점에서 도착점까지 가도록 연필로 선을 그으며 표시한다.
–막다른 곳에 도착하면 미로를 자세히 살피어 다시 도착점을 향한 길을 찾아본다.

3. 경험을 이야기한다.
–미로 찾기를 해보니 어땠나요?
–쉽게, 빨리 미로 찾기를 하려고 나는 어떠한 방법을 사용했나요?

◇ 확장활동

–숨바꼭질, 보물찾기와 같은 게임을 해 본다.

–우리 동네 그림을 그린 후 놀이터에서 집까지 가는 가장 빠른 길을 찾아본다.

–블록을 사용해 미로를 직접 만들어 경험해 본다.

◇ TIP

–미로그림을 자세히 관찰할 수 있는 충분한 시간을 제공해주고, 아이의 나이와 발달수준을 고려해 단계에 맞는 미로그림을 제시한다.

✤ 활동 12 어떤 색의 옷을 입었나요?

◇활동목표 : 가게나 길에서 바로 지나친 사람이 어떤 색의 옷을 입었는지를 기억하고 이야기할 수 있다.

◇활동자료 : 다양한 복장의 사람들

◇활동방법

1. 가게나 길에 사람들이 많이 지나다니는 것을 관찰한다.

2. 지나가는 사람마다 표정, 복장, 걸음걸이가 다른 것에 대하여 이야기한다.
–사람들의 복장이 어떠한가요?
–사람들의 표정, 걸음걸이가 어떠한가요?
–지나가는 사람들의 기분이 어떠할 거라 생각되나요?

3. 바로 지나친 사람이 어떤 색깔의 옷을 입고 있었는지 맞춰본다.
–방금 지나간 사람이 어떤 색의 옷을 입었었는지 보았나요?
–어떤 색의 옷을 입었을까요?

4. 활동 후 기분을 이야기한다.

◇확장활동

–색깔을 정해서 그 색깔의 옷을 입은 사람이 몇 명 지나가는지 세어보기를 해 본다.
–지나가는 사람이 무슨 생각을 하고 있는지와 그 이유를 이야기해 본다.

◇TIP

–낯선 사람을 관찰해도 재미있지만 내가 아는 이웃이나 친구들을 관찰하면 아이들은 더욱 흥미 있어 한다.

✤ 활동 13 냄새 표현하기

◇활동목표 : 특정 장소에서 나는 냄새를 변별할 수 있고, 다른 냄새의 특징을 이야기할 수 있다.

◇활동자료 : 특정 장소 또는 특정 장소를 회상할 수 있는 그림 자료

◇활동방법

1. 냄새가 나는 것에는 무엇이 있는지 이야기를 나눈다.
-냄새가 나는 것에는 무엇이 있을까요?
-○ ○에는 어떠한 냄새가 날까요?
-냄새를 맡았을 때의 기분은 어땠나요?

2. 특정 장소에서 나는 냄새에 대해 이야기를 나눈다.
-특정 장소(제과점, 부엌, 화장실 등)에서는 어떠한 냄새가 날까요?
-특정 장소의 냄새를 맡았을 때 나의 기분은 어땠나요?

3. 내가 좋아하는 냄새가 나는 곳을 찾아본다.
-내가 좋아하는 냄새가 나는 곳이 있나요? 그 이유는 무엇인가요?

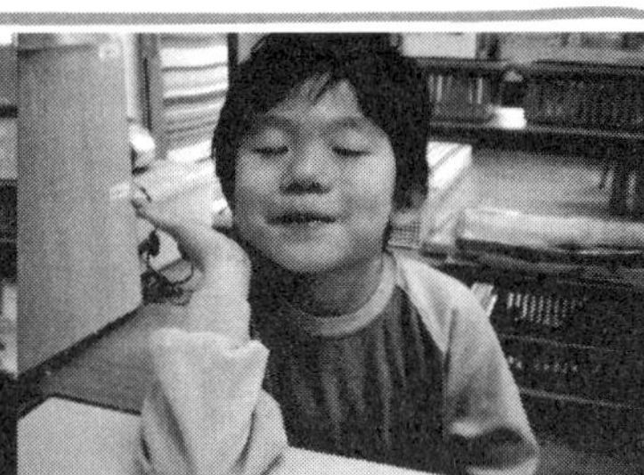

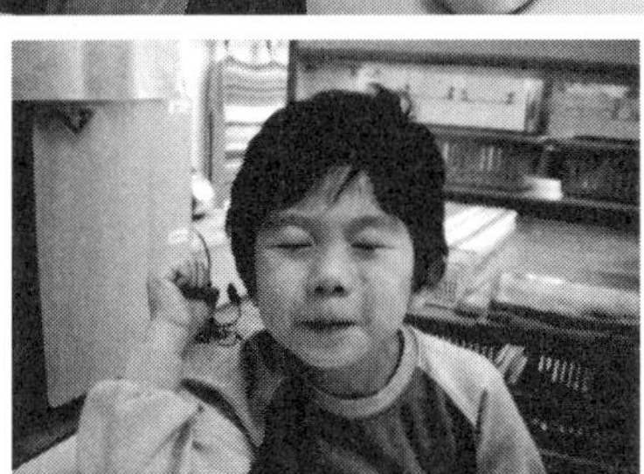

◇ 확장활동

–화장실에서 맛있는 빵 냄새가 난다면? 또는 제과점에서 화장실 냄새가 난다면 어떨지 생각하고 표현해 본다.

–냄새에 대해 신체표현을 하면 상대방이 무슨 냄새인지 맞춰보는 게임을 해 본다.

◇ TIP

–특정장소가 아이가 경험해본 곳이면 더욱 흥미 있어 한다.

–아이가 경험해본 곳이라면 그림 자료만으로도 목표를 끌어낼 수 있다.

✤ 활동 14 메뉴 알아맞히기

◇활동목표 : 냄새를 변별해 저녁 메뉴가 무엇인지 알아맞힐 수 있다.

◇활동자료 : 저녁 메뉴

◇활동방법

1. 저녁을 준비하는 중에 나는 냄새에 대해 이야기를 나눈다.

–무슨 냄새가 나나요?

2. 냄새를 맡고 저녁 메뉴를 알아맞혀요.

–냄새를 맡아 보니 무슨 요리일 것 같아요?

–그 이유는 무엇인가요?

3. 저녁 메뉴를 확인하며 예상이 맞는지 확인한다.

–내가 생각했던 메뉴와 같나요?

4. 활동 후 기분을 이야기한다.

–음식 냄새를 맡으니 기분이 어땠나요?

–메뉴를 맞혔을 때(맞히지 못했을 때) 나의 기분은 어땠나요?

◇확장활동

–요리활동을 해 본다.

–잡지에서 다양한 음식들을 오려붙여 상 차리기를 해 본 후 누구와 함께 먹고 싶은지 이야기해 본다.

◇TIP

–평소 아이들이 좋아하는 음식이나 변별이 쉬운 음식 메뉴를 정하면 실패의 경험으로 좌절하지 않는다.

–동생이나 가족과 게임을 하듯이 활동하면 더욱 흥미 있어 한다.

✤ 활동 15 식구들의 냄새 맡고 기억하기

◇활동목표 : 가족 구성원들의 고유한 냄새를 찾아내고 기억할 수 있다.
◇활동자료 : 가족 구성원, 가족구성원의 냄새가 배어 있는 물건
◇활동방법

1. 냄새에 대한 이야기를 나눈다.
-주변에서 나는 냄새에는 무엇이 있을까요?
-우리 집 안에서 나는 냄새는 무엇이 있을까요?

2. 가족구성원의 냄새를 찾아본다.
-우리 가족은 누가 있나요?
-우리 가족에게서 나는 냄새는 어떠한가요?

3. 각 구성원(엄마, 아빠, 동생 등)에게서 나는 냄새를 표현해 본다.
-엄마, 아빠 등에게서 나는 냄새가 어떻게 다른가요?

4. 식구들의 고유한 냄새를 기억한다.
-손(발 등)의 냄새를 맡고 가족 중 누구의 냄새인지 이야기해 본다.

◇확장활동
-식구들에게서 다른 냄새가 난다면 어떠할까를 생각해 보고 이야기해 본다.
-가족 구성원의 역할에 대해 이야기 나누고 역할놀이를 해 본다.
-엄마, 아빠의 직장에 대해 이야기 나누고 지역기관에 견학을 가 본다.

◇TIP
-구분이 어려울 수 있으므로 엄마의 화장품냄새, 아빠의 모발용 제품 냄새 등으로 쉽게 접근해 나간다.

✤ 활동 16 물건 이름 알아맞히기

◇활동목표 : 눈을 감고 손으로 만져 물건의 특징을 파악하고 나서, 느낌만으로 무엇인지 알아맞힐 수 있다.

◇활동자료 : 다양한 감촉의 물건들(야구공, 블록, 컵 등)

◇활동방법

1. 책상 위에 놓여 있는 물건들을 관찰하고 나서 이야기를 나눈다.

–책상 위에 무엇이 보이나요?

–ㅇㅇ의 생김새와 감촉을 이야기해 볼까요?

2. 물건을 보이지 않는 비밀주머니 속에 넣고(또는 눈을 감고) 무엇인지 맞혀본다.

–눈을 감고 물건을 손으로 만지며 특징을 이야기해본다.

–특징들을 생각하며 그것이 무엇인지 이야기한다.

–꺼내서 내가 생각했던 것과 맞는지 확인한다.

3. 활동 후 느낌을 이야기한다.

–눈을 감고 물건을 만졌을 때와 눈을 뜨고 물건을 보며 만졌을 때 느낌이 어땠나요?

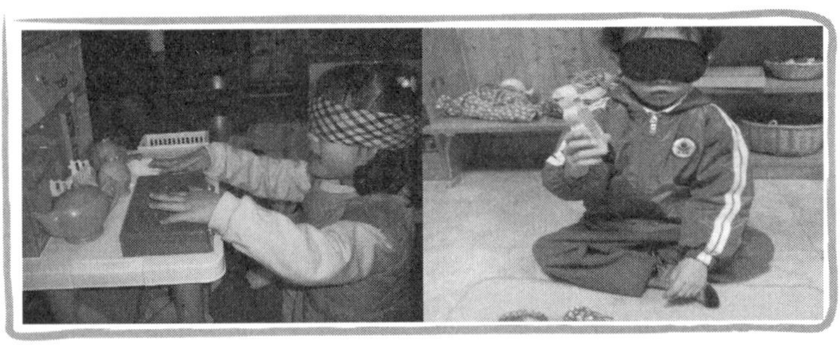

◇확장활동

–눈을 감고 만진 물건의 특징을 기억해 그림으로 그려보고 실물과 비교해 본다.

–한 사람은 눈을 감고 물건의 특징을 이야기하고 다른 사람은 그 이야기를 듣고 무엇인지 맞혀보는 게임을 해 본다.

◇ TIP

-수준에 따라 물건을 보여주지 않고 손의 느낌만으로 무엇인지 알아맞힐 수 있다.

✤ 활동 17 원하는 물건 찾기

◇활동목표 : 물건의 특징을 파악하고 나서 손으로 느껴지는 물건의 느낌만으로 원하는 물건을 찾을 수 있다.

◇활동자료 : 다양한 물건(공, 컵, 블록, 인형 등)

◇활동방법

1. 책상 위의 물건들을 관찰하고 이야기를 나눈다.
 –책상 위에는 무엇이 있나요?
 –물건의 특징들을 이야기해 본다.

2. 물건들을 가방에 넣고 원하는 물건을 찾아본다.
 –가방 속에 들어 있는 여러 개의 물건 중 ○○을 찾아볼까요?
 (눈으로 보지 않고 손으로 만지기만 해야 함을 주의시킨다.)

3. 내가 꺼낸 물건이 ○○이라고 생각한 이유를 말해본다.
 –왜 이것이 ○○이라고 생각했나요?

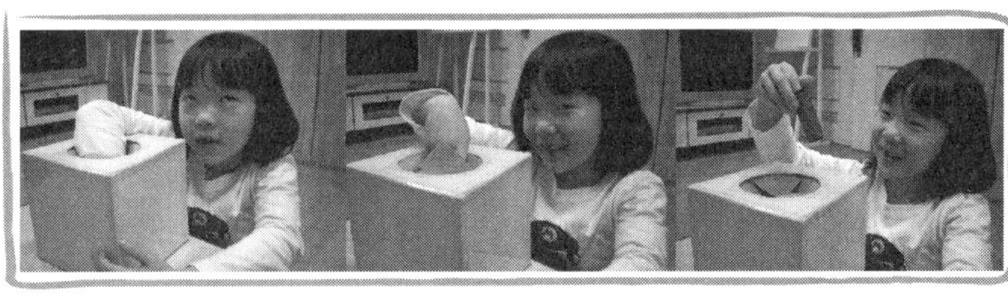

◇확장활동

–방안에 있는 것 중 설명하는 물건 찾아오기 게임을 해 본다.

◇TIP

–수준에 따라 '공'이라도 다양한 종류로 준비할 수 있다.

2. 유아와 함께하는 유창성 활동

✤ 활동 18 옷을 잃어버렸을 때 어떻게 할까?

◇활동목표 : 내가 동화 속의 선녀라면 옷을 잃어 버렸을 때 어떻게 할지 다양하게 생각해보고 표현할 수 있다.

◇활동자료 : '선녀와 나무꾼' 동화책

◇활동방법

1. '선녀와 나무꾼'동화에 대해 이야기를 나눈다.
–동화의 내용이 무엇이었나요?
–동화 속에서 어떠한 일들이 일어났죠?

2. 선녀가 옷을 잃어버리게 된 이유를 생각하고 말해본다.
–선녀가 옷을 잃어버리게 된 이유는 무엇일까요?
–옷을 잃어버린 선녀의 기분은 어떨까요?

3. 내가 선녀라면 옷을 잃어버렸을 때 어떻게 할지 다양하게 생각해 본다.

4. 그렇게 생각하는 이유를 이야기한다.

◇확장활동
–옷을 잃어버린 선녀의 기분을 그림으로 표현해 본다.

◇TIP
–정해진 답이 없으므로 아이의 이야기에 귀 기울여 호응해준다.

✣ 활동 19 며느리를 어떻게 고를까?

◇활동목표 : 내가 동화 속의 부자라면 며느리를 어떻게 고를지 다양한 방법을 생각해 보고 표현할 수 있다.

◇활동자료 : 동화 '부자의 며느리 고르기'

◇활동방법

1. '부자의 며느리 고르기'동화에 대해 이야기를 나눈다.
-동화 속에 등장하는 인물에는 누가 있었나요?
-동화의 내용은 무엇이었나요?

2. 부자가 며느리를 고르기 위해 사용한 방법을 생각해 본다.
-동화 속에서 부자가 며느리를 고르기 위해 어떠한 방법을 사용했나요?
-부자가 사용한 방법에 대해 어떻게 생각하나요?

3. 내가 부자라면 며느리를 어떻게 고를지 다양한 생각을 해본다.

4. 왜 그렇게 생각했는지 이야기해 본다.

◇확장활동
-동극 대본과 동극에 필요한 소품을 함께 만들어 활동해 본다.

✤ 활동 20 '소가 된 게으름뱅이' 하면 떠오르는 것

◇ 활동목표 : 동화 '소가 된 게으름뱅이'의 내용을 잘 생각하며 떠오르는 이미지를 나열할 수 있다.

◇ 활동자료 : 동화 '소가 된 게으름뱅이'

◇ 활동방법

1. 동화 '소가 된 게으름뱅이'에 대해 이야기를 나눈다.

–동화 속 등장인물은 누가 있나요?

–동화 내용은 무엇인가요?

2. 동화 '소가 된 게으름뱅이'하면 떠오르는 것을 이야기해본다.

–'소가 된 게으름뱅이'하면 무엇 무엇이 생각나요?

–생각나는 이유도 이야기해 본다.

3. 생각나는 것들을 다양한 방법(말, 글, 그림 등)으로 표현해 볼 수 있다.

◇ 확장활동

–게으름뱅이가 소가 아닌 다른 동물로 변했다면 어떤 동물일 것 같은지, 왜 그렇게 생각하는지 이야기해본다.

–게으름뱅이에게 해주고 싶은 말을 다양한 방법(편지, 그림 등)으로 표현해 본다.

–소의 생태에 대해 알아본다.

◇ TIP

–포스트잇에 생각나는 것들을 기록하고 나서 벽면이나 동화책 속에 붙여볼 수 있다.

✤ 활동 21 '줄줄이 꿴 호랑이' 하면 떠오르는 것

◇활동목표 : 동화 '줄줄이 꿴 호랑이'의 내용을 잘 생각하며 떠오르는 이미지를 나열할 수 있다.

◇활동자료 : 동화 '줄줄이 꿴 호랑이'

◇활동방법

1. 동화 '줄줄이 꿴 호랑이'에 대해 이야기를 나눈다.
–동화 속 등장인물은 누가 있나요?
–동화 내용은 무엇인가요?

2. 동화 '줄줄이 꿴 호랑이'하면 떠오르는 것을 이야기해본다.
–'줄줄이 꿴 호랑이'하면 무엇 무엇이 생각나요?
–생각나는 이유도 이야기해 본다.

3. 생각나는 것들을 다양한 방법(말, 글, 그림 등)으로 표현해 볼 수 있다.

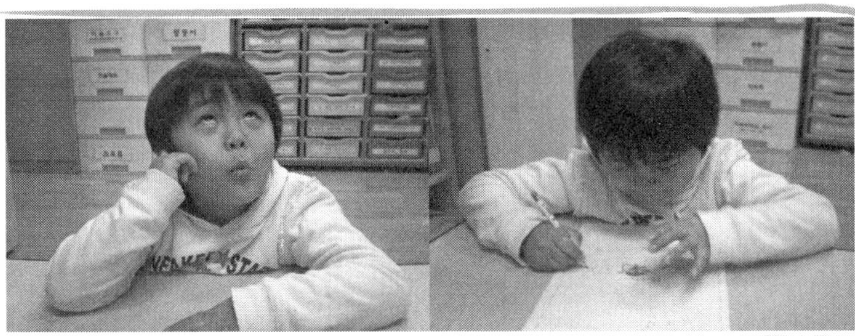

◇확장활동
–호랑이 그림을 오려 돗바늘을 이용해 호랑이를 줄줄이 꿰어본다.
–내가 만약 호랑이라면 어떻게 할지 이야기해 본다.
–동물원 견학

◇TIP
–팝업 자료를 만들어 입체감 있는 동화를 들려준다면 더욱 흥미 있어 한다.

✤ 활동 22 정답이 '콩쥐'인 문제 만들기

◇ 활동목표 : 동화 속에 등장하는 '콩쥐'를 생각하며 정답이 '콩쥐'가 될 수 있는 문제를 만들어 볼 수 있다.

◇ 활동자료 : 동화 '콩쥐 팥쥐'

◇ 활동방법

1. 동화 '콩쥐 팥쥐'에 대해 이야기를 나눈다.
–동화 속 등장인물에는 누가 있나요?
–동화 내용을 이야기해 볼까요?

2. 콩쥐에 대해 생각해 본다.
–동화 속에서 콩쥐는 어떤 모습으로 나오나요?

3. 동화 '콩쥐 팥쥐'에 대한 여러 가지 문제를 만들어 본다.

4. 정답이 '콩쥐'가 되도록 문제를 만들어 본다.

◇ 확장활동

-동화 내용을 조금 바꾸어보고, 그 내용으로 동극을 해 본다.

-내가 콩쥐라면? 내가 팥쥐라면? 어떨지 생각해보고 다양한 방법으로 표현해 본다.

✤ 활동 23 정답이 '게으름뱅이'인 문제 만들기

◇ 활동목표 : 동화 속에 등장하는 '게으름뱅이'를 생각하며 정답이 '게으름뱅이'가 될 수 있는 문제를 만들어 볼 수 있다.

◇ 활동자료 : 동화 '소가 된 게으름뱅이'

◇ 활동방법

1. 동화 '소가 된 게으름뱅이'에 대해 이야기를 나눈다.
–동화 속 등장인물에는 누가 있나요?
–동화 내용을 이야기해 볼까요?

2. 게으름뱅이에 대해 생각해 본다.
–동화 속에서 게으름뱅이는 어떤 모습으로 나오나요?

3. 동화 '소가 된 게으름뱅이'에 대한 여러 가지 문제를 만들어 본다.

4. 정답이 '게으름뱅이'가 되도록 문제를 만들어 본다.

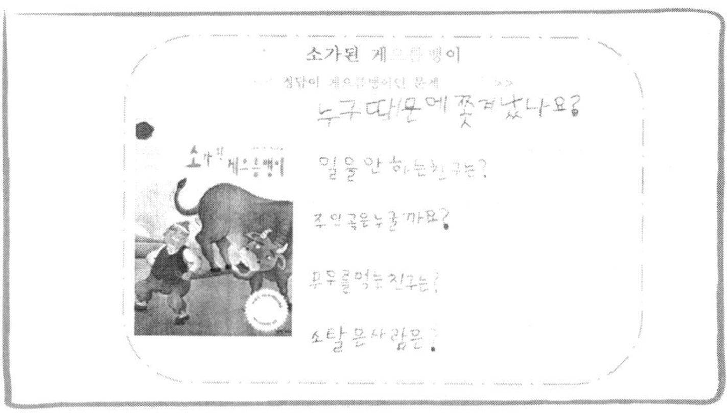

◇ 확장활동
–(게으름뱅이가 소가 되지 않았다면)게으른 버릇을 고쳐줄 수 있는 다른 방법을 찾아본다.

✤ 활동 24 부자가 바닷가에 살았다면?

◇ 활동목표 : 동화배경이 바뀐다면 내용이 어떻게 달라질지 생각해 보고 이야기할 수 있다.

◇ 활동자료 : 동화 ‘부자의 며느리 고르기’

◇ 활동방법

1. 동화 ‘부자의 며느리 고르기’에 대해 이야기를 나눈다.

–동화 속 등장인물은 누구인가요?

–동화 내용을 이야기해 볼까요?

–부자가 며느리를 고르기 위해 어떤 방법을 사용했나요?

2. 부자가 바닷가에 살았다면 어땠을지 생각해 본다.

–부자가 농촌이 아닌 바닷가에 살았다면 며느리를 고르기 위해 어떠한 방법을 사용했을까요?

(물고기를 잘 잡는 며느리, 싱싱한 물고기를 고르는 며느리, 물고기가 많이 잡히는 곳을 아는 며느리 등)

–왜 그렇게 생각하는지 이유를 이야기해 본다.

◇ 확장활동

–농촌과 바닷가 견학을 해 본다.

–바다에서 볼 수 있는 동물 찾아보기를 해 본다.

✤ 활동 25 '개미와 베짱이'가 다른 곳에 살았다면?

◇활동목표 : 동화배경이 바뀐다면 내용이 어떻게 달라질지 생각해 보고 이야기할 수 있다.

◇활동자료 : 동화 '개미와 베짱이'

◇활동방법

1. 동화 '개미와 베짱이'에 대해 이야기를 나눈다.
-동화 속 등장인물은 누구인가요?
-동화 내용을 이야기해 볼까요?

2. 개미와 베짱이가 다른 곳에 살았다면 어땠을지 생각해 본다.
-개미와 베짱이가 다른 곳에 살았다면 어땠을까요?
(남극, 아프리카, 공산주의사회, 자본주의사회 등)

3. 왜 그렇게 생각하는지 이유를 이야기해 본다.

◇확장활동
-개미 관찰하기 또는 개미 기르기를 해 본다.
-개미의 생태에 대해 알아본다.

✤ 활동 26 주인공이 바뀐다면?(선녀와 나무꾼)

◇ 활동목표 : 동화 속 주인공이 바뀐다면 어떨지 다양하게 생각하고 표현해 볼 수 있다.

◇ 활동자료 : 동화 '선녀와 나무꾼'

◇ 활동방법

1. 동화 '선녀와 나무꾼'에 대해 이야기 나눈다.
-동화의 내용을 이야기해 볼까요?
-동화 속의 등장인물은 누구인가요?
-등장인물들은 동화 속에서 어떻게 행동하고 말했나요?

2. 주인공이 나무꾼이 아니라면 어떨지 생각해 본다.
-동화 속 주인공이 나무꾼이 아니라 어부였다면 어땠을까요?
-동화 속 주인공이 나무꾼이 아니라 사냥꾼이었다면 어땠을까요?
-동화 속 주인공이 나무꾼이 아니라 장사꾼이었다면 어땠을까요? 등

3. 그렇게 생각한 이유를 이야기해 본다.

◇ 확장활동
-동화를 재구성해본다(동화 끝을 바꾸는 등).

✤ 활동 27 주인공이 바뀐다면?(개와 고양이)

◇ 활동목표 : 동화 속 주인공이 바뀐다면 어떨지 다양하게 생각하고 표현해 볼 수 있다.

◇ 활동자료 : 동화 '개와 고양이'

◇ 활동방법

1. 동화 '개와 고양이'에 대해 이야기 나눈다.

–동화의 내용을 이야기해 볼까요?

–동화 속의 등장인물은 누구인가요?

2. 주인공이 나무꾼이 아니라면 어떨지 생각해 본다.

–동화 속 주인공이 개와 고양이가 아니라 모기와 미꾸라지였다면 어땠을까요?

–동화 속 주인공이 개와 고양이가 아니라 무당벌레와 진딧물이었다면 어땠을까요?

–동화 속 주인공이 개와 고양이가 아니라 개미와 진딧물이었다면 어땠을까요? 등

3. 그렇게 생각한 이유를 이야기해 본다.

◇ 확장활동

–개와 고양이의 생태에 대해 찾아본다.

–개와 고양이 그림을 잘라 붙이고 어떤 대화를 할지 말 주머니에 내용을 적어본다.

◇ TIP

–적대적 관계(천적)의 동물뿐 아니라 개미와 진딧물처럼 공생관계의 동물도 생각해 볼 수 있다.

3) 유아와 함께하는 융통성 활동

✤ 활동 28 신문! 이렇게 재활용 해보아요.

◇ 활동목표 : 신문을 재활용하는 방법을 생각해 본다.

◇ 활동자료 : 신문지

◇ 활동방법

1. 신문을 자세히 살펴본다.
–신문은 언제 볼 수 있나요?
–신문은 어디서 볼 수 있나요?
–신문 속에는 무엇이 있나요? (뉴스, 광고 등)

2. 다 본 신문을 재활용하는 방법을 생각해 본다.
–다 본 후 신문을 다르게 사용하는 방법은 없을까요?
(모자 만들기, 그림 그리는 종이, 상자 접기, 물을 흘렸을 때 걸레처럼 사용, 창문 닦기, 구두형태보관용, 신발 속 물기제거 등)

3. 왜 그렇게 생각했는지 이야기해 본다.

◇ 확장활동

–재활용 종이 만들기

◇ TIP

–활동 전 신문과 친숙해지도록 아이의 눈에 띄는 곳에 둔다.

✤ 활동 29 초콜릿을 무엇과 섞으면 더 맛있을까?

◇활동목표 : 초콜릿을 무엇과 섞을 때 가장 맛있을지 생각해 보고 그 이유를 말 할 수 있다.

◇활동자료 : 초콜릿, 소금, 잼, 설탕

◇활동방법

1. 초콜릿을 다양한 방법으로 관찰 및 탐색한다.
-모양, 색깔, 맛, 크기 등을 살펴본다.
-초콜릿 맛을 표현해 본다.

2. 초콜릿을 더욱 맛있게 먹는 방법에는 무엇이 있는지 생각해 본다.

3. 초콜릿을 무엇과 섞어 먹을 때 가장 맛있을지 생각해보고 이유를 설명한다.
-재료의 특성을 생각하며 이야기하고, 초콜릿과 더해졌을 때 어떨지도 충분히 생각한다.

4. 다른 재료와 섞어 먹어보고 나서 맛을 표현해 본다.

◇ 확장활동

–다양한 과자들을 사용해 과자 집을 만들어 본다.

–요리활동을 해 본다.

◇ TIP

–불을 사용하여 초콜릿을 녹인다면 안전에 대해 충분히 이야기한다.

✤ 활동 30 내가 선녀라면 옷을 찾으려고 어떻게 할까?

◇활동목표 : 내가 동화 속의 선녀라면 잃어버린 옷을 찾으려고 어떻게 하면 좋을지 생각해 보고 표현해 본다.

◇활동자료 : 동화 '선녀와 나무꾼'

◇활동방법

1. 동화 '선녀와 나무꾼'에 대해 이야기 나눈다.
–동화 내용을 이야기해 볼까요?
–동화 속 등장인물은 누구인가요?

2. 선녀가 옷을 잃어버리게 된 이유를 알아본다.
–선녀는 어떻게 하다가 옷을 잃어버렸나요?
–선녀의 옷을 가져간 사람은 누구이며, 그 뒤 두 사람에게는 무슨 일이 생겼나요?

3. 내가 선녀라면 옷을 찾으려고 어떻게 할지 생각해 본다.
–내가 선녀라면 옷을 찾으려고 어떻게 할까요?
–왜 그렇게 생각하나요?

◇확장활동
–선녀의 옷을 가져간 나무꾼 또는 다른 선녀들에게 하고 싶은 말을 이야기해 본다.
–직조 짜기를 해 본다.
–나만의 의상을 디자인해 본다.

◇TIP
–각각의 주인공들 처지에서 생각해볼 수 있도록 유도한다.

✤ 활동 31 내가 원님이라면 수달을 어떻게 나눌까?

◇활동목표 : 내가 원님이라면 수달을 어떻게 나눌 것인지 생각해 보고, 그 이유를 설명할 수 있다.

◇활동자료 : 동화 '슬기로운 재판'

◇활동방법

1. 동화 '슬기로운 재판'에 대해 이야기 나눈다.

–동화 내용을 이야기해 볼까요?

–동화 속 등장인물은 누구인가요?

2. 사냥꾼과 부자가 싸운 이유를 알아본다.

–사냥꾼과 부자는 왜 싸우게 되었을까요?

3. 동화 속 원님은 싸움을 어떻게 해결했는지 이야기해 본다.

–원님은 사냥꾼과 부자의 싸움을 해결하기 위해 어떠한 방법을 사용했나요?

4. 내가 만약 원님이라면 수달을 어떻게 나눌까?

–내가 원님이라면 수달을 어떻게 나눌 것인지 이야기해 본다.

–왜 그렇게 생각하나요?

◇확장활동

–법원 또는 경찰서 견학을 다녀온다.

–부자의 기분이 어떨지 생각해보고, 부자에게 편지를 써본다.

◇TIP

–원님이나 수달 등의 단어가 아이에게는 생소할 수 있으므로 충분한 설명이 필요할 수 있다.

✤ 활동 32 호랑이가 나쁘게 나오는 전래동화

◇ 활동목표 : 여러 전래동화 중 호랑이가 나쁘게 나오는 것들을 찾아볼 수 있다.

◇ 활동자료 : 호랑이가 나오는 전래동화(똥꼬로 나팔 부는 호랑이, 은혜 갚은 호랑이, 해와 달이 된 오누이, 재주 많은 다섯 친구와 호랑이, 호랑이 뱃속에서 만난 사람들, 팥죽 할머니와 호랑이, 호랑이와 곶감, 호랑이와 토끼의 재판, 호랑이의 약속, 호랑이 형님, 호랑이와 나그네 등)

◇ 활동방법

1. 생각나는 전래동화를 생각해 본다.
－생각나는 전래동화에는 무엇이 있나요?

2. 호랑이가 나오는 전래 동화책을 살펴보며 줄거리를 이야기한다.
－이 중에서 호랑이가 나오는 동화에는 어떤 것이 있을까요?
－전래 동화 속 이야기를 해볼까요?
－줄거리를 이야기해 보는 과정에서 호랑이가 착한지 나쁜지를 알 수 있다.

3. 다양한 방법으로 책을 나눠본다.
(내가 아는 이야기와 그렇지 않은 이야기 등)
－착하게 나오는 호랑이와 나쁘게 나오는 호랑이

4. 호랑이에게 해주고 싶은 말을 생각해본다.
－착하게 나오는 호랑이에게 해주고 싶은 말
－나쁘게 나오는 호랑이에게 해주고 싶은 말

◇ 확장활동
－나쁜 호랑이에게 친구를 만들어 주는 방법을 알려준다.
－동물원 견학을 통해 호랑이를 직접 볼 수 있다.

◇ TIP
－동화 속 호랑이가 착하다고 생각하는 이유와 나쁘다고 생각하는 이유에 대해 물어볼 수 있다.

✤ 활동 33 토끼가 영리하게 나오는 전래동화

◇활동목표 : 여러 전래동화 중 토끼가 영리하게 나오는 것을 찾아볼 수 있다.

◇활동자료 : 토끼가 나오는 전래동화(어리석은 곰과 영리한 토끼, 토끼와 거북이, 토끼의 간, 호랑이와 나그네, 까치와 호랑이와 토끼 등)

◇활동방법

1. 생각나는 전래동화를 생각해 본다.
-생각나는 전래동화에는 무엇이 있나요?

2. 토끼가 나오는 전래 동화책을 살펴보며 줄거리를 이야기한다.
-이 중에서 토끼가 나오는 동화에는 어떤 것이 있을까요?
-전래 동화 속 이야기를 해볼까요?
-동화 속 주인공 중 토끼가 어떻게 말하고 행동하는지에 주의하며 줄거리 이야기를 한다.

3. 다양한 방법으로 책을 나눠본다.
(내가 아는 이야기와 그렇지 않은 이야기 등)
-영리한 토끼와 영리하지 않은 토끼 등

4. 토끼와 다른 주인공에게 해주고 싶은 말을 생각해본다.
-영리하게 나오는 토끼에게 해주고 싶은 말
-영리하지 않게 나오는 토끼에게 해주고 싶은 말
-다른 동물 주인공들에게 해주고 싶은 말

◇확장활동
-토끼의 생태를 알아보고 키워본다.

◇TIP
-토끼가 꾀를 부린 방법 말고 다른 방법으로 주인공들을 도와줄 수는 없을지 이야기해본다.

✤ 활동 34 좋은 계모가 나오는 전래동화

◇활동목표 : 여러 전래동화 중 좋은 계모가 나오는 것을 찾아볼 수 있다.
◇활동자료 : 계모가 나오는 전래동화(장화홍련, 콩쥐팥쥐 등)
◇활동방법

1. 생각나는 전래동화를 생각해 본다.
–생각나는 전래동화에는 무엇이 있나요?

2. 계모가 나오는 전래 동화책을 살펴보며 줄거리를 이야기한다.
(계모가 어떻게 말하고 행동하는지에 주의하며 이야기를 한다.)
–계모가 나오는 전래동화에는 무엇이 있었나요?
–각 동화 속 계모에 대해 이야기해볼까요?

3. 여러 책 중에서 좋은 계모가 나오는 전래동화를 찾아본다.
–각 동화 속 계모 중 좋은 계모라고 생각되는 계모도 있었나요?

4. 책 속의 계모가 좋은 계모라고 생각하는 이유를 이야기해 본다.

◇확장활동
–엄마에게 편지쓰기 또는 동화 속 계모에게 편지쓰기

◇TIP
–콩쥐팥쥐의 계모가 좋다고 할 수도 있다. 엄마가 없는 콩쥐에게 엄마가 되어주었으니까.

✤ 활동 35 도깨비가 나타나서 좋은 일이 벌어지는 전래동화

◇활동목표 : 여러 전래 동화 중 도깨비가 나타나서 좋은 일이 벌어지는 것을 찾아볼 수 있다.

◇활동자료 : 도깨비가 나오는 전래동화(혹부리 영감, 메밀묵 도깨비, 도깨비와 천석꾼, 도깨비의 선물, 금 똥 누는 도깨비, 은혜 갚은 도깨비, 도깨비의 장난, 두 형제와 도깨비, 도깨비와 손 머슴, 청 도깨비와 소망, 느티나무 도깨비, 도깨비 감투, 금 나와라 뚝딱, 도깨비 선생님, 멈춰라 맷돌, 도깨비 부잣집 등)

◇활동방법

1. 생각나는 전래동화를 생각해 본다.
–생각나는 전래동화에는 무엇이 있나요?

2. 도깨비가 나오는 전래 동화책을 살펴보며 줄거리를 이야기한다.
–도깨비가 나오는 전래동화에는 무엇이 있었나요?
–각 동화 속 도깨비에 대해 이야기해볼까요?
–도깨비가 나타났을 때 어떠한 일들이 벌어졌는지를 생각하며 이야기한다.

3. 도깨비가 나타나서 좋은 일이 벌어지는 동화를 찾아본다.
–도깨비가 나타나 좋은 일이 벌어진 동화가 있었나요?

4. 좋은 일이라고 생각하는 이유를 말해 본다.

◇확장활동
–가면 만들기를 해서 역할놀이 또는 동극을 할 수 있다.

◇TIP
–도깨비의 의미에 대해 이야기해 줄 수 있다.

4) 유아와 함께 하는 독창성 활동

✤ 활동 36 주어진 단어 활용하여 이야기 꾸미기 1

◇활동목표 : 상호 관련이 없는 단어를 활용하여 이야기 꾸미기를 할 수 있다.

◇활동자료 : 단어카드

◇활동방법

1. 여러 단어(명사와 동사)를 제시한다.

–여기 어떤 글들이 있나요?

–'뛰고, 먹고, 날고, 도망가고, 기다가, 웃는'이라는 단어가 있어요. 이 단어들을 사용해서 이야기를 만들어 볼 거예요.

–이야기 속 주인공은 '게으름뱅이, 미련한 호랑이, 덩치 큰 토끼'중의 하나로 해볼까요?

2. 주어진 단어들을 사용해 이야기를 만들어 본다.

–(정답이 없으므로 아이의 이야기를 충분히 들어준다.)

–미련한 호랑이 한 마리가 배가 고파서 먹잇감을 찾고 있었어요. 그때 저 멀리서 소리를 내며 참새 한 마리가 호랑이 옆 나뭇가지로 날아와 앉는 걸 보았죠. '마침 잘됐다. 저 참새를 잡아먹으면 되겠구나!' 하는 생각에 호랑이는 기어가서 나무 뒤로 숨어 참새가 땅으로 내려오기를 기다렸어요. 참새는 기분 좋게 노래를 부르며 나무 아래로 내려와 앉았어요. 이때다 싶어 호랑이는 참새를 잡으려고 뛰어 갔어요. 그러나 참새는 날아서 도망갔죠. 이 모습을 지켜보고 있던 다람쥐 한 마리는 미련한 호랑이를 보며 웃었답니다.

3. 활동 후 느낌을 이야기한다.

–다른 단어들을 활용해서 이야기를 꾸며보니 기분이 어땠나요?

◇ 확장활동

–내가 만든 이야기로 막대인형놀이를 해 본다.

–주어진 단어들을 활용하여 노래 가사를 만들어 본다.

◇ TIP

–공간을 만들어 단어카드를 보관하여 아이가 원할 때 다시 할 수 있다.

✤ 활동 37 주어진 단어 활용하여 이야기 꾸미기 2

◇ 활동목표 : 상호 관련이 없는 단어를 활용하여 재미있는 이야기 꾸미기를 할 수 있다.

◇ 활동자료 : 단어카드

◇ 활동방법

1. 여러 단어카드를 제시한다.

–여기 어떤 글들이 있나요?

–'비틀비틀, 어질어질, 팔딱팔딱, 새근새근, 콜콜'이라는 단어가 있어요. 이 단어들을 사용해서 이야기를 만들어 볼 거예요.

2. 주어진 단어들을 사용해 이야기를 만들어 본다.

–(정답이 없으므로 아이의 이야기를 충분히 들어준다.)

–귀여운 아기가 피곤한가 봐요. 엄마는 아기를 재우려고 옆에서 토닥토닥 해주셨어요. 아이는 금세 새근새근 잠이 들었지요. 옆에서 아기를 재우던 엄마도 콜콜……. 개운하게 자고 일어난 아기는 기분이 좋아졌나 봐요. 팔딱팔딱 개구리처럼 뛰어다니네요. 그런데 엄마는 아직 잠에서 덜 깨셨는지 걷는 모습이 비틀비틀, 어질어질하네요.

3. 활동 후 느낌을 이야기한다.

–다른 단어들을 활용해서 이야기를 꾸며보니 어땠나요?

◇ 확장활동

–주변의 자연스러운 상황을 이야기로 만들어 본다.

(엄마가 나에게 간식을 주시려고 냉장고의 문을 힘껏 열었어요. 힘이 너무 세서 냉장고문에 있던 음료수 병들이 흔들흔들 춤을 추었어요.)

◇ TIP

-단어들의 뜻을 알려주면 좀 더 정확한 표현을 할 수 있다.

✤ 활동 38 흥부전에 다른 제목을 붙인다면?

◇활동목표 : 동화의 내용을 생각해 다른 방법으로 제목을 만들어 볼 수 있다.

◇활동자료 : 동화 '흥부전'

◇활동방법

1. 전래동화 '흥부전'에 대해 이야기를 나눈다.
–동화 속 등장인물은 누구인가요?
–동화의 내용을 이야기해 볼까요?

2. 내가 흥부전의 제목을 바꾼다면 어떻게 바꿀 것인지 생각해 본다.
–동화 속 등장인물과 내용을 생각할 수 있도록 해준다.
–박 씨를 가져다준 제비

3. 왜 그렇게 생각했는지 이야기해 본다.
–제비가 박 씨를 가져다주었기 때문에 흥부는 박 씨에서 나온 보물로 부자가 되었어요. 그리고 제비가 가져다준 박 씨에서 나온 도깨비들이 욕심 많은 놀부를 혼내주었어요. 그래서 '박 씨를 가져다준 제비'라고 생각했어요.

◇확장활동
–주인공들에게 편지쓰기를 해 본다.
–나에게 박 씨가 생긴다면 그 속에서 무엇이 나왔으면 좋겠는지 이야기해 본다.

◇TIP
–등장인물들의 처지에서 생각해 볼 수 있도록 한다.

✤ 활동 39 콩쥐팥쥐전에 다른 제목을 붙인다면?

◇ 활동목표 : 동화의 내용을 생각해 다른 방법으로 제목을 만들어 볼 수 있다.

◇ 활동자료 : 동화 '콩쥐팥쥐전'

◇ 활동방법

1. 전래동화 '콩쥐팥쥐전'에 대해 이야기를 나눈다.

-동화 속 등장인물은 누구인가요?

-동화의 내용을 이야기해 볼까요?

2. 내가 콩쥐팥쥐전의 제목을 바꾼다면 어떻게 바꿀 것인지 생각해 본다.

-동화 속 등장인물과 내용을 생각할 수 있도록 해 준다.

-마음씨 착한 소와 두꺼비와 참새

3. 왜 그렇게 생각했는지 이야기해 본다.

-콩쥐가 일을 일찍 끝낼 수 있도록 도와준 소와 두꺼비와 참새가 있었기 때문에 이야기가 행복하게 끝날 수 있었어요.

◇ 확장활동

–전래동화의 배경에 관심을 두고 민속박물관 견학을 해 본다.

–팥쥐와 팥쥐 어머니가 착했다면 어땠을지 이야기해 본다.

✣ 활동 40 이야기 지어내기 (강제 결합법)

◇활동목표 : 여러 전래동화의 주인공, 사건, 배경들을 가져와 나만의 이야기로 만들 수 있다.

◇활동자료 : 여러 가지 전래동화

◇활동방법

1. 아이와 활동할 동화책들을 정한다. (예-심청전, 금도끼 은도끼, 혹부리영감)

-각각 동화의 등장인물은 누구인가요?

-각 동화 속에서는 어떤 사건이 일어나나요?

-각 동화 속 사건의 배경은 어디인가요?

2. 우리가 새로 만들 이야기의 주인공, 사건, 배경은 기존에 있던 전래동화에서 하나씩 가져온다.

-우리가 만들 이야기의 주인공은 누구로 할까요? 심청이

-우리가 만들 이야기의 사건은 무엇으로 할까요? 혹부리 영감

-우리가 만들 이야기의 배경은 어디로 할까요? 금도끼 은도끼의 연못

3. 주인공, 사건, 배경을 바꾸어 이야기를 만들어 본다.

4. 만든 이야기에 제목도 붙여본다.

◇확장활동

-만든 이야기를 대본으로 만들고, 배경도 만들어 동극을 해본다.

◇TIP

-처음부터 여러 동화에서 가져오는 것은 힘들어할 수 있으므로, 동화 한 권을 정해 주인공만 바꿔보고, 다음에는 주인공과 사건을 바꿔보는 식의 단계로 접근한다.

✤ 활동 41 좋아하는 전래동화의 주인공 소개하기

◇ 활동목표 : 전래동화 속에서 내가 좋아하는 주인공을 찾아보고 그 이유를 설명할 수 있다.

◇ 활동자료 : 좋아하는 전래동화

◇ 활동방법

1. 좋아하는 전래동화를 고른다.

2. 동화에 대해 이야기 나눈다.

-동화의 내용과 등장인물, 배경을 이야기해본다.

3. 내가 좋아하는 동화 속 주인공이 누구이며 왜 좋은지 이야기한다.

4. 주인공을 소개하는 소개장을 만들어본다.

-소개장에는 주인공의 이름과 하는 일 등 다양한 정보를 담을 수 있도록 한다.

◇ 확장활동

-동화 속 주인공에게 마음 표현하기(편지쓰기)

-동화 속 주인공에서 선물한다면 무엇을 하면 좋은지 생각해보고 그 이유 이야기를 이야기해 본다.

◇ TIP

-팝업 또는 책갈피 등의 북아트를 활용하면 더욱 흥미 있어 한다.

✤ 활동 42 광고 콘티 짜보기

◇활동목표 : 내가 만약 우유 광고를 찍는다면 어떤 전래동화의 주인공이 좋을지 생각해보고, 그에 맞는 광고 콘티를 짤 수 있다.

◇활동자료 : 우유, 우유 사진, 잡지, 전래 동화책, 가위, 풀, 연필, 지우개, 사인펜, 색연필

◇활동방법

1. 간식에 대해 이야기하며 자연스럽게 우유를 연상시킨다.
-오늘은 어떤 간식을 먹었는지 기억하나요?
-우유에 대해 이야기해 볼까요?

2. 우유에 대한 다양한 이야기 중 장점을 부각시킨다.
-우유를 다른 사람들도 좋아할 수 있도록 소개해보려고 하는데 어떤 방법이 좋을까요?
-우유가 몸에 좋은 이유를 이야기해 줘요.
-우유에 대해 적어서 나눠줘요.
-TV에 나오면 더 많은 사람이 볼 수 있잖아요.

3. 우유광고에 어울리는 전래동화의 주인공을 찾아본다.
-광고 속 주인공을 전래동화에서 찾아보려는데 어떤 인물이 좋을까요?
-우유를 좋아해야 해요.
-착한 사람이면 좋겠어요.
-나쁜 사람이 우유를 마시고 좋은 사람이 되는 것도 재미있을 것 같아요.
-심청이가 좋을 것 같아요.
-엄마는 없지만, 아버지가 동냥젖으로 예쁘고 마음씨도 착한 아이로 키웠잖아요.

4. 그에 맞는 광고 콘티를 만들어 본다.

◇확장활동

–내가 만든 광고를 방송국 놀이를 통해 보여준다.

◇TIP

–어려워한다면 광고 홍보물이나 다른 방송광고를 보여 줄 수도 있다.

5) 유아와 함께 하는 정교성 활동

✤ 활동 43 전래동화의 풍경 묘사하기

◇활동목표 : 전래동화를 읽고 기억에 남는 풍경을 떠올릴 수 있으며 자세히 묘사할 수 있다.

◇활동자료 : 전래동화

◇활동방법

1. 읽었던 전래동화 중 가장 기억에 남는 것을 정한다.
–읽었던 동화 중 가장 기억에 남는 것 하나를 소개해 줄 수 있나요?

2. 동화 속 이야기 중 가장 인상 깊었던 장면을 떠올린다.
–그 동화 속 장면 중 가장 기억에 남는 것은 무엇인가요?

3. 인상 깊었던 장면의 풍경을 생각해본다.
–기억에 남는 장면을 떠올려볼까요?

4. 기억나는 풍경을 자세히 묘사해본다.
(주변의 사물이나 산 등을 말로 표현해 본다.)
–○○의 이야기를 듣고 다른 친구들 (엄마)가 머릿속으로 생각할 수 있도록 자세히 이야기해줄 수 있겠어요?

◇확장활동

–인상 깊은 장면을 그림으로 그려보고 등장인물을 오려붙여 말 주머니를 만들어본다.(동화책 만들기)

◇TIP

–어린 나이의 아이들은 전래동화 책을 보며 장면 묘사를 할 경우 부담스러워하지 않는다.

✤ 활동 44 좋아하는 등장인물의 초상화 그리기

◇ 활동목표 : 전래동화를 읽고 내가 가장 좋아하는 등장인물의 초상화를 그릴 수 있다.

◇ 활동자료 : 전래동화, 종이, 연필, 지우개

◇ 활동방법

1. 전래동화를 읽고 나서 책에 대해 이야기를 나눈다.
－동화 내용을 이야기해 볼까요?
－동화 속 등장인물에는 누가 있나요?

2. 등장인물 중 내가 좋아하는 주인공은 누구이며 이유를 이야기한다.
－동화 속 등장인물 중 누가 제일 좋은가요?
－좋아하는 이유는 무엇인가요?

3. 좋아하는 등장인물의 특징을 이야기한다.
－좋아하는 등장인물은 어떻게 생겼나요?(표정과 눈, 코, 입 등을 자세히 살펴본다.)

4. 좋아하는 등장인물의 초상화를 그려본다.
－등장인물의 생김새와 표정 등을 생각하며 자세히 그려본다.

◇ 확장활동
－가족의 초상화를 그려본다.
－미술전 관람을 통해 그림에 관심을 둔다. (다른 사람의 그림 감상)

◇ TIP
－초상화가 무엇인지 알려주고, 그림을 그리는데 두려워하지 않도록 해준다.

✤ 활동 45 싫어하는 등장인물의 초상화 그리기

◇활동목표 : 전래동화를 읽고 내가 가장 싫어하는 등장인물의 초상화를 그릴 수 있다.

◇활동자료 : 전래동화, 종이, 연필, 지우개

◇활동방법

1. 전래동화를 읽고 나서 책에 대해 이야기를 나눈다.
-동화 내용을 이야기해 볼까요?
-동화 속 등장인물에는 누가 있나요?

2. 등장인물 중 내가 싫어하는 주인공은 누구이며 이유를 이야기한다.
-동화 속 등장인물 중 누가 제일 싫은가요?
-싫어하는 이유는 무엇인가요?

3. 싫어하는 등장인물의 특징을 이야기한다.
-싫어하는 등장인물은 어떻게 생겼나요?
(표정과 눈, 코, 입 등을 자세히 살펴본다.)

4. 싫어하는 등장인물의 초상화를 그려본다.
-등장인물의 생김새와 표정 등을 생각하며 자세히 그려본다.

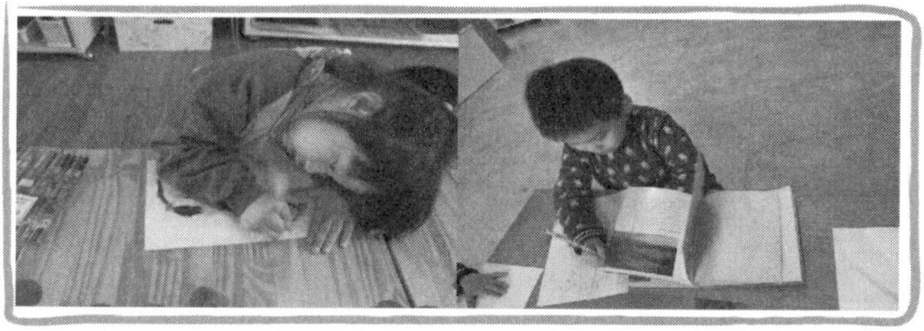

◇확장활동
-초상화 외의 다양한 방법으로 그림을 그려 본다. (풍경화, 콜라주 등)
-자화상을 그려본다.

◇TIP
-초상화가 무엇인지 알려주고, 그림을 그리는데 두려워하지 않도록 해준다.

✤ 활동 46 구체적인 이야기 쓰기

◇ 활동목표 : 지어낸 이야기에 앞뒤 문맥을 살펴가며 의성어, 의태어 등을 사용하여 좀 더 정교하고 구체적인 이야기로 다듬을 수 있다.

◇ 활동자료 : 앞에서 만들었던 이야기

◇ 활동방법

1. 앞에서 만들었던 이야기를 가지고 온다.

–우리가 지난번에 여러 단어를 활용해서 만들었던 이야기란다.

–미련한 호랑이 한 마리가 배가 고파서 먹잇감을 찾고 있었어요. 그때 저 멀리서 소리를 내며 참새 한 마리가 호랑이 옆 나뭇가지로 날아와 앉는 걸 보았죠. '마침 잘됐다. 저 참새를 잡아먹으면 되겠구나!'하는 생각에 호랑이는 기어가서 나무 뒤로 숨어 참새가 땅으로 내려오기를 기다렸어요. 참새는 기분 좋게 노래를 부르며 나무 아래로 내려와 앉았어요. 이때다 싶어 호랑이는 참새를 잡으려고 뛰어갔어요. 그러나 참새는 날아서 도망갔죠. 이 모습을 지켜보고 있던 다람쥐 한 마리는 미련한 호랑이를 보며 웃었답니다.

2. 이야기를 보다 정교하게 하려면 다양한 의성어, 의태어, 형용사, 부사 등을 사용할 수 있다고 이야기한다.

–이 이야기를 좀 더 재미있게 만들어 보려고 하는데 어떻게 하면 좋을까?

–주인공이 움직일 때 나는 소리도 이야기 속에 넣어 봐요.

–사물의 상태를 나타내는 말도 넣어 봐요.

–'바로, 매우, 아주'를 넣어 봐요.

3. 주어진 단어들을 사용해 이야기를 만들어 본다.

–(정답이 없으므로 아이의 이야기를 충분히 들어준다.)

–미련한 호랑이 한 마리가 무척 배가 고파서 눈을 크게 뜨고 먹잇감을 찾고 있었어요. 그때 마침 저 멀리서 짹짹 소리를 내며 귀여운 참새 한 마리가 호랑이 옆 나뭇가지로 살며시 날아와 앉는 걸 보았죠. '마침 잘됐다. 저 참새를 잡아먹으면 되겠구나!' 하는 생각에 호랑이는 살금살금 기어가서 나무 뒤로 숨어 참새가 땅으로 내려오기를 기다렸어요. 참새는 기분 좋게 짹짹 노래를 부르며 나무 아래로 살며시 내려와 앉았어요. 이때다 싶어 호랑이는 참새를 잡으려고 날렵하게 뛰어갔어요. 그러나 참새는 재빠르게 날

아서 도망갔죠. 이 모습을 지켜보고 있던 다람쥐 한 마리는 미련한 호랑이를 보며 깔깔깔 웃었답니다.

3. 활동 후 느낌을 이야기한다.
-꾸미는 말들을 사용하여 이야기를 꾸며보니 어땠나요?

◇ 확장활동
-문맥에 맞는 다른 의성어, 의태어 등을 찾아 넣어 본다.
-동화책에서 꾸며주는 말들을 찾아본다.

◇ TIP
-다양한 의성어, 의태어 등을 제시해 줄 수도 있다.